한국사傳 5

한국사

傳

5

위기를 기회로 바꾼 진정한 승차들의 역사

KBS한국사傳 제작팀

한겨레출판

한국의 역사에서는 수많은 인물들이 명멸해갔다. 굵은 선을 그으며 현재까지 그 이름이 널리 기억되는 인물이 있는가 하면, 역사에 끼친 역할에도 불구하고 이름조차 생소한 경우도 적지 않다. 〈한국사傳〉은 〈역사추리〉, 〈TV조선왕조실록〉, 〈역사스페셜〉 등 그동안 KBS에서 축적한 역사 다큐멘터리 제작 역량을 바탕으로 '인물을 통한 한국사의 재조명'을 시도한 프로그램이다. 역사적 상황에 대한 인물의 삶과 대응 양상을 보여주면서 과거와 현재의 대화를 시도했다. 〈한국사傳〉은 역사 인물의 재발굴과 재해석을 통하여 그들의 삶이 지닌 의미를 풀어보았다. 국사 책에서 이름 정도는 들어본 인물은 물론이고 무명의 인물도 등장시켜 우리 역사를 장식한 다양한 이들의 고민과 현실대응 양상 등을 조명했다.

필자는 〈한국사傳〉의 기획 단계부터 참여한 만큼 무엇보다 이 프로그램에 대한 애착이 많다. 또한 역사학자들의 논문이나 저술로 설명할 수 없는 내용을 영상매체로 쉽게 전달할 수 있게 한 프로그램 연출자와 작가들이 역사의 대중화에 기여한 바를 누구보다 잘 알고 있다. 따라서 무엇보다 〈한국사傳〉을 활자화한 이 책이 역사 전공자와 방송 관계자 간에 서로 호흡할 수 있는 가교가 되기를 기대한다.

오랜 역사만큼이나 각 시대에 다양하게 배출된 인물들의 삶과 고민은 단순한 과거로 끝나지 않는다. 현재에도 되살아나 우리시대 문제를 해결하는 방향타가 되기도 한다. 이 책을 통해 독자 여러분이 한국사에 '무한 관심'을 지니게 되었으면 한다.


건국대학교 사학과 교수
신병주

# 역사를 뒤흔든
# '개인'들의 리얼 드라마

도대체 사람 이야기는 왜 재미있을까?

사람의 이야기에 무슨 큰 의미가 있기에 모든 드라마와 연극, 영화는 그 사람들이 주고받는 대사만으로도 작품을 메워나갈 수 있는 것일까? 세상에는 대사 없이 살아가는 동물은 얼마나 많으며, 주고받는 대사 없이 벌어지는 현상은 얼마나 많은가? 주고받는 대사도 없이 쓰나미는 일어나 사람을 죽이고, 대사도 없이 꽃들은 자란다. 그럼에도 왜 우리는 지독히도 사람들의 대사에만 집중하는 것일까? 그건 아마도 다른 사람들의 삶과 생각과 대응방식을 보면서, 그 속에서 자신에게 유익한 무언가를 무의식중에 찾고 있는 것일지도 모른다. 실제 일어나지도 않은 허구의 드라마를 보면서 그 허구 속에서 인간의 진실을 찾아나가고 있는 것이다. 드라마는 자신을 비춰보는 거울인 셈이다. 그러나 그 거울은 진실한 거울일까?

그래서 출발한 것이 역사프로그램 〈한국사傳〉이다. 왜 많은 사람들이 작가의 손끝에서 나오는 허구의 사건에 자신을 비춰보려 하는 것일까? 허구가 아닌 실제의 이야기는 많다. 그 진짜 사건들 중에 중요하지 않거나 재미없는 이야기들이 시간의 흐름과 더불어 하나둘 사라지고 마지막까지 남은 것, 그것이 바로 역사인 것이다.

전통적인 역사서는 보통 기전체(紀傳體)로 구성된다. 기전체의 기(紀)는 황제나 왕, 국가의 이야기다. 즉 사람의 이야기라기보다는 시스템의 이야기다. 전(傳)은 보통 열전이라고 부르는 것으로, 바로 역사 속 사람들의 이야기이다. 그 속에는 진짜 사람들의 삶과 죽음, 성공과 실패, 사랑과 증오까지 기록되어 있다. 그들의 삶은 드라마로 가득 차 있다. 그런데 그 드라마는 허구가 아닌 실제다. 그들이 살인을 했을 때 그 살인은 정말 일어난 사건이었으며, 그들이 사랑을 했을 때 그 사랑은 지구상에 정말 존재했던 사랑인 것이다. 게다가 역사 속의 개인들은 단순한 개인들이 아니다. 그들은 의미 있는 족적을 남기고 사라져간 개인들이며, 그들이 선택한 길은 역사를 뒤흔든 길이었다.

그들의 삶을 유심히 보면 인간과 역사의 길이 함께 보인다. 역사는 왜곡되지 않은 거울이다. 동양의 역사가들은 역사가 감계(鑑戒)기능을 한다고 말했다. 역사에 비춰보고 경계할 수 있도록 한다는 뜻이다. 그래서 역사는 부끄러운 치부마저 그대로 기록해야 한다고 믿었고 실제로 그렇게 했다. 그만큼 역사는 리얼하다. 〈한국사傳〉은 시스

템 이야기인 기(紀)를 잠시 접어두고 리얼 휴먼스토리로 가득한 전(傳)에 주목하고자 했다.

KBS 역사프로그램은 줄곧 "역사의 대중화"라는 화두를 안고 달려왔다. 역사가 일부학자나 지식계층의 전유물로 남아 있어서는 안 된다는 생각이었다. 그런 이유로 때로는 역사를 이야기하는 방식에서 학자들과 대립하기도 했다. 많은 학자들은 KBS가 엄정성을 잃고 복잡한 사안을 지나치게 단순화했다고 비판하기도 하고, 일부에서는 역사프로그램이 역사를 전달하는 하나의 방식으로서 의미가 있다고 긍정적으로 평가하기도 했다. 역사가 진정 가치 있는 것이라면 대중과 나누어야 한다는 것이 제작진의 생각이다. 지금까지 대중과 나누기 위해서 KBS는 수많은 시도를 해왔고 앞으로도 할 것이다.

〈한국사傳〉역시 역사를 좀 더 쉽고 재미있게 대중에게 전달하려는 시도의 하나이다.

처음에는 타이틀이 이상하다는 사람들이 많았다. 傳이라는 한자가 주는 익숙지 않은 분위기와, 한글로 적었을 때 느껴지는 뜻의 모호함 때문일 것이다. 그런데도 그 모호함을 굳이 끌고 가기로 한 것은 역사는 고리타분하다는 선입관을 지우고, 산뜻하고 새롭게 역사이야기를 하고 싶었기 때문이다.

〈한국사傳〉은 기전체 역사서의 열전 가운데 한 편이기도 하고 '홍길동傳' 처럼 어떤 옛 사람의 이야기이기도 하다. 내용을 쉽게 전달하기 위해 스토리텔링을 중시하고 부분적으로 재연 기법을 사용하고 있지만, 기본전제는 엄정한 사실을 중시하는 다큐멘터리이다. 그래서 재연배우가 등장하지만 그들의 대사는 작가가 임의로 만들어낸 것이 아니라, 사료에 기록된 내용 그대로이다.

〈한국사傳〉은 이전의 역사스페셜, HD역사스페셜, 조선왕조실록, 역사추리, 역사의 라이벌 등 KBS 역사프로그램의 전통을 이어받은 프로그램이다. 본래 역사다큐멘터리는 현장에서의 임의연출이 통하지 않는다. 사전의 철저한 사료조사 없이는 프로그램을 만들 수 없다. 완성도를 높이기 위해서는 오로지 제작자의 개인 시간을 프로그램에 바치는 수밖에 없다. 〈한국사傳〉은 KBS 최고 수준의 프로듀서들이 개인적인 일정까지 포기하고 만든 프로그램이다. 그렇게 할 수 있는 동력은 제작 프로듀서들이 역사프로그램의 가치를 스스로 인정하기 때문이다. 역사는 지나간 과거의 단순한 일이 아니라 현재를 비춰보는 가장 왜곡되지 않은 거울이고, 불확실한 현재에서 미래를 추측할 수 있는 유일한 케이스스터디라는 신념을 가지고 있기 때문이다.

2007년 봄, 〈한국사傳〉을 출범시키기 위해 제작진은 변산반도로

갔다. 주변에 사극 '불멸의 이순신'을 촬영한 세트장이 있고 KBS가 이용할 수 있는 콘도가 있어서였다. 그 콘도에서 프로그램 기획회의를 하고 덤으로 세트장을 사전 답사할 생각이었다. 참가자는 지금은 건국대학교 교수로 갔지만 당시 규장각에 있던 신병주 교수와 프로듀서 몇 사람, 작가가 전부였다.

봄 바다를 앞에 두고 웃고 떠들었지만 사실 암담했다. 역사를 인물로 풀어보자는 기본전제에는 모두 동의하고 있었지만 과연 성공할 수 있을까? 사회자를 두 사람의 남자 엠시로 하자고 제안하면서도 그것이 과연 효과가 있을지 두려웠다. 한마디 한마디가 조심스러웠고 순간의 판단착오는 곧 시청자의 외면으로 이어질 것 같았다. 그때 나왔던 이야기가 시청자가 이해하기 힘든 사료를 그대로 보여주지 말고, 대신 사료에 나오는 대사를 재연해서 제공하자는 것이었다. 역사프로그램이지만 현대적 감각의 화면연출을 하자고 했다. 어렵고 딱딱한 역사프로그램을 시청자의 시각에서 받아들이기 쉽게 만드는 것이 성공의 관건이라고 보았다.

첫 프로그램은 역관 홍순언으로 정했다. 개인의 사소한 일이 역사를 어떻게 움직였는지 보여줄 좋은 소재라고 판단했다. 왕조의 역사, 제왕의 역사뿐 아니라, 역사를 역사 속의 인간의 관점에서 다시 보자는 기획의도와 잘 맞아떨어지는 아이템이었다. 성공적이었다.

그 후 방송이 계속되자 호평이 잇따랐다. 일간신문들은 "다큐멘터리계의 이효리", "지루한 역사다큐 고정관념 깼다", "한 인물 다른 평가 눈에 띄네" 등의 파격적인 머리글로 〈한국사傳〉의 시도를 평가해 주었고 이제 책으로 출판되기에 이르렀다. 실제 있었던 역사 속 사람들의 이야기, 의미 있는 사람들의 리얼 드라마를 책으로도 확인할 수 있기를 바랄 뿐이다.

프로그램에 도움을 주신 모든 분들에게 감사드린다. 가장 크게는 시청자에게 감사드리며, 공영방송이 끝까지 역사프로그램에 투자할 수 있도록 시청자들과 독자들께서 관심과 질책을 함께 보내주시기를 부탁드린다.

한국사傳 책임프로듀서
장영주

# 한국사傳 5

## I

영조 51년(1775), 홍역이 창궐한다.

이때 몽수 이헌길은 수많은 백성들을 살려낸다.

사람들은 그를 '동국진가지종(東國疹家之宗)' 이라 불렀다.

하지만 조선 최고의 홍역전문가라는 그의 이름은 낯설기만 하다.

이한길, 그는 누구인가?

홍역으로부터
조선을 구한 명의
— 이헌길

원 인도 모르고 대처법도 없던 홍역은

17~18세기 조선을 괴롭힌 대표적인 전염병이었다.

당시의 다른 의원들과 달리

실증정신에 입각해 홍역을 연구하고

대민 치료를 한 이헌길은 진정한 지식인의 표상이다.

## 조선의 대학자를 살린 남자

어려운 일을 호되게 겪을 때 쓰는 '홍역을 치르다'라는 말이 있다. 여기서 '홍역'이란 바로 전염병 홍역(紅疫)을 의미한다. 현재 우리나라에서는 전염병으로 많은 사람이 죽는 일은 없기 때문에 전염병의 참상을 실감하기 어렵지만, 과거 처참했던 홍역의 흔적이 여전히 우리의 삶 속에 남아 있는 셈이다.

홍역으로 대표되는 전염병은 17~18세기 조선을 유난히도 괴롭혔다. 실록에는 이와 관련한 기록이 수없이 등장한다.

> 돌림병으로 수구문 밖에 시체들이 겹칠 정도……. ─ 광해군 5년(1613)

> 전염병과 기근으로 죽은 백성이 백만에 이르고 한 마을이 모두 죽은 경우가 비일비재했다. ─ 현종 12년(1671)

> 어린이가 많이 사망하여 거리에 아이가 드물었다. ─ 숙종 33년(1707)

한양 5부의 사망자가 거의 만 명에 이르렀다. — 영조 6년(1730)

전염병으로 사망자가 거의 오류십만이나 되었다. — 영조 25년(1749)

전염병으로 얼마나 많은 사람들이 피해를 입었는지 짐작할 수 있다. 그중 '마진(痲疹)' 혹은 작은 마마라고 불렸던 홍역은 순식간에 수십만 명의 목숨을 빼앗아가는 무서운 질병이었다. 조선시대 사람들의 평균수명은 오늘날보다 훨씬 짧은 24세 정도였다. 많은 사람들이 유아기나 아동기 때 질병으로 사망해서 평균수명이 낮아진 것인데, 가장 중요한 원인이 전염병이었다. 특히 17~18세기, 홍역은 수많은 조선의 어린이들을 죽음으로 몰고 갔다.

우리에게 낯선 몽수 이헌길(夢叟 李獻吉 · ?~?)이라는 이름이 역사에 등장한 것도 18세기 영조 51년, 홍역이 조선을 강타했던 바로 그 순간이었다. 정조 22년(1798)에 다산 정약용(茶山 丁若鏞 · 1762~1836)이 쓴《마과회통痲科會通》은 조선시대 최고의 홍역 전문 의학서로 평가받는다. 이 책 서문에 이헌길의 행적이 잘 나타나 있다.

근세에 이헌길이라는 사람이 있었는데 명예를 바라지 않고, 뜻을 오직 사람을 살리는 데 두고서 마진서를 공부하였다. 그리하여 구한 어린 생명이 1만여 명에 이르고, 나 또한 그에 의해 살아날 수 있었다. —《마과회통》

여기서 '나'는 다름 아닌 정약용이다. 정약용은 그의 나이 열다섯 살 되던 해에 부친이 벼슬을 얻어 조정에 나가면서 서울로 올라오게

된다. 그러나 병을 얻어 다시 고향
에 내려와 시를 남겼는데, 이 시의
주석에 "이헌길이 구해준 약을 먹고
병을 앓은 지 30일 만에 나았다"고
적으면서 이헌길의 이름을 언급하
였다. 이헌길이 아니었다면 오늘날
우리는 다산 정약용이라는 위대한
학자를 만나보지 못했을 것이다.

이헌길 덕에 홍역을 치료할 수 있었던 정약용.

　그렇다면 당시 이헌길의 행적은 구체적으로 어떠했을까? 영조 51년
(1775) 봄, 한양은 홍역이 크게 번져 죽어가는 백성들로 가득했다. 전
염병으로 위급했던 당시의 상황을 실록은 이렇게 전한다.

> 서울과 지방에 홍진(紅疹)이 극성을 피워 어린이와 젊은이가 죽는 우환이
> 많았다. ― 영조 51년(1775)

> 홍진에 걸린 사람이 많아서 사망하는 사람이 많다고 하니, 임금께서 당번
> 드는 것을 중지하라 명하셨다. ― 영조 51년(1775)

　마침 일이 있어 한양을 찾은 이헌길은 상중(喪中)이라는 이유로 선
뜻 치료에 나서지 못하다가 곧 마음을 바꾼다. 병을 고칠 수 있는 의
술이 있는데도 예법에 구애되어 모른 체 하는 것은 어질지 못한 것이
라 여기고, 대민 치료를 결심한 것이다.
　그 후 이헌길은 한양의 친척집에 머물며 치료를 시작했다. 이미 홍

역에 대해 잘 알고 있었던 그였기에 환자들의 증상을 살펴보고 바로 처방하니 모두 즉시 효과를 보았다고 한다. 금세 그 명성을 듣고 병을 고치려고 모여든 사람들로 집이 가득 찼다.

그때만 해도 십여 년에 한 차례씩 오는 홍역을 제대로 간파한 사람은 별로 없었다. 사람들은 홍역을 무서운 역귀(疫鬼)로 여기고 속수무책으로 죽어갔다. 왕실도 예외는 아니었다. 정조 10년(1786) 5월에는 어린 왕세자(문효세자)가 홍역으로 사망하는 사건까지 발생했다. 홍역 앞에선 백성이나 왕실 모두 손쓸 도리가 없었다. 바로 이런 시기에 이헌길이 구세주처럼 등장해 백성들을 구한 것이다.


## 여전히 위험한 전염병, 홍역

현재 우리나라에서 홍역은 백신으로 충분히 예방 가능한 전염병이다. 하지만 예전에는 병의 증세에 대한 판단도 의원마다 달랐고, 처방도 적절치 못했다. 병에 대한 대처가 부족했으니 당연히 그 피해도 클 수밖에 없었다.

홍역은 초기에는 감기처럼 가볍게 시작되지만 후유증으로 죽음에까지 이를 수 있는 무서운 병이다. 홍역은 홍역 바이러스에 의해 발병한다. 한국생명공학연구원 천연물의약연구센터의 권두한 박사는 "과거 홍역은 조류독감처럼 치사율이 굉장히 높은 바이러스였다. 몸의 영양 상태가 좋지 않았기 때문에 증상이 오늘날보다 훨씬 심했을

것으로 추정된다. 현재도 아프리카 등
지에서는 홍역으로 인한 사망률이 높
다"고 설명한다.

세계보건기구(WHO)의 발표에 의하
면 2006년 홍역에 의한 사망자는 전 세
계에서 약 24만여 명에 달할 만큼, 홍
역은 여전히 전염성이 강한 질환이다.
특히 백신 공급이 원활하지 못하고 영
양 상태가 부실한 아프리카와 동남아
시아의 어린이가 전체 사망자의 80퍼
센트를 차지하고 있다. 우리나라에서
발생하는 모든 전염병의 관리감독을
맡고 있는 질병관리본부에 따르면 현
재 홍역은 우리나라에서도 완전히 퇴
치된 병이 아니다. 여전히 법정 전염병
으로 관리되고 있다.

홍역에 걸리면 보통 열흘쯤 바이러
스가 인체 내에 잠복해 있다 정상세포

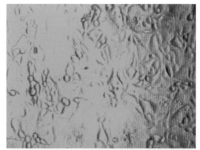
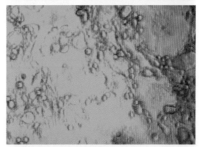

홍역 바이러스에 의해 정상세포가 파괴되
는 모습.

를 감염시키고 결국엔 면역세포를 파괴시키는데 면역세포가 파괴되
면서 발열, 충혈 등 각종 증상이 겉으로 나타난다. 전신에 나타나는
발진은 대표적인 홍역의 감염 증세다.

질병관리본부 예방접종관리팀의 이동한 박사의 설명에 의하면
"홍역과 같은 예방접종 대상 전염병은 인구 집단의 면역력에 따라

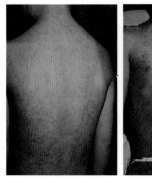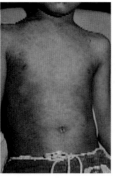

그 유행 여부가 결정된다"고 한다. 즉 충분한 예방접종을 해서 인구 집단이 홍역에 대한 면역성을 갖게 되면 유행하지 않는 반면, 예방접종률이 떨어지면 언제라도 유행할 수 있다는 것이다.

홍역에 걸린 아이의 모습. 전신의 발진이 대표적 홍역의 증세다.

## 조선 후기, 전염병이 창궐한 이유는?

그런데 조선시대에는 홍역을 예방할 수 있는 백신이 없었다. 그런 만큼 피해가 컸다. 특히 17~18세기에는 거의 3년에 한 번 꼴로 전염병이 찾아와 많은 백성들의 목숨을 앗아갔다. 현종 때는 한 마을 전체가 사망하고, 영조 때는 한 해에 오륙십만 명이 죽어나가기도 했다.

그 당시, 역병이 창궐했던 첫 번째 이유는 전 세계적인 소빙기(小氷期) 기후의 영향 탓이었다. 지구의 이상기후는 생물의 성장에 장애를 가져왔고, 그로 인해 우리나라에서도 대규모의 기근이 자주 발생했던 것이다. 실록에 이와 관련한 기록이 등장한다.

> 한발, 수재, 풍재, 상재 등으로 기근이 계속되고…… 3년 동안 큰 흉년에 똑같은 재해가 발생하다. — 숙종 24년 (1698)

이렇듯 기후 변화로 농작물의 수확량이 떨어지자, 백성들이 먹는 게 시원찮아지면서 영양 공급에 차질이 생겼다. 그 결과 면역력이 떨어진데다 위생 상태가 나쁜 상태에서 균이 창궐하자, 더 많은 피해를 입게 되었던 것이다.

전염병이 급증했던 두 번째 원인으로 당시 국제교류가 활발했던 점이 지적된다. 17~18세기 중국 북경은 동서 문명 교류의 중심지였다. 학자들은 새로운 전염병들이 국제교역의 바람을 타고 중국에서 우리나라로 유입되었다고 보고 있다.

> 전염병이 서쪽에서부터 일어나 여름부터 겨울에 이르기까지 팔도에 만연하다. — 영조 25년(1749)

일본 학자 미키 사카에(三木榮)가 발표한 논문 〈조선의학사연구〉를 보면, 18세기 한국과 일본의 전염병은 우리나라에서 먼저 발생한 뒤 순차적으로 일본에서 일어났음을 알 수 있다.

### 18세기 한국과 일본의 홍역 유행 시기 비교

| 한국 (조선) | 1706 - 1708년 | 1729 - 1730년 | 1752 - 1753년 | 1775년 |
|---|---|---|---|---|
| 일본 | 1708년 | 1730년 | 1753년 | 1776년 |

(미키 사카에, 1963년)

조선시대 간행된 수많은 의서들.

　세 번째 원인은 도시 지역의 인구 집중이었다. 17~18세기, 여러 이유로 농토를 떠난 유민들이 도성으로 몰려들었다. 한양 인구의 갑작스런 증가는 심각한 위생문제를 일으켰다. 영조 36년(1760)에는 청계천 준설공사가 벌어졌는데, 57일 동안 연인원 15만 명을 동원해 정비해야 할 정도로 오염 상태가 심각했다고 한다.

　신동원 한국과학기술원(KAIST) 인문사회과학부 교수는 조선 후기 전염병이 크게 유행한 원인에 대해 "어느 한 측면을 이야기하기보다 기상 이변부터 시작해서 인구 밀집까지 복잡하게 얽혀 있다"고 보면서, "단지 기록상으로 이전에 안 보였던 병이 나타난 것이 아니라 실제로도 훨씬 많은 역병이 돌았다"고 설명한다. 이렇듯 17~18세기의 전염병 발생은 대내외적으로 피할 수 없는 현상이었다.

# 선진성을 갖추었던 이헌길의 의학

조선시대 최고의 마진 치료법이 담긴 《마과회통》의 〈몽수전〉은 홍역이 심각했던 1775년 을미년에 활약한 몽수 이헌길을 이렇게 묘사한다.

> 몽수가 문을 나서 다른 집으로 가면 수많은 사람들이 앞뒤로 옹호하였다. 그 모여 가는 형상이 마치 벌떼가 움직이는 것 같았다. 그가 가는 곳에는 뿌연 먼지가 하늘을 가려, 사람들은 바라만 보고도 이몽수가 온다는 것을 알았다. —《마과회통》〈몽수전〉

홍역에 걸린 환자들에게 이헌길은 구세주와 같은 존재였다. 삶과 죽음의 갈림길에 있었던 병자들은 그의 처방으로 생명을 구할 수 있었다.

《마과회통》에는 유난히 "이몽수 왈"이라는 인용구가 많다. 정약용이 이 책을 쓰면서 이헌길의 치료법을 많이 인용했음을 알 수 있다. 이 책에서 정약용은 그를 '동국진가지종'이라고 칭송한다. 우리나라에서〔東國〕 마진에 있어〔疹家〕 최고〔宗〕라는 뜻이다. 이렇듯 우리나라에서 으뜸이라는 극찬을 받은 그의 치료법은 대체 어떤 것이었을까?

먼저, 조선시대의 일반적인 홍역 치료법을 알아보자. 마진 같은 전염병이 돌면, 의료기관이었던 내의원, 전의감, 혜민서, 활인서 중 특히 혜민서에서 백성들의 치료를 전담하고 활인서에서 병막을 지어 전염병에 걸린 사람들을 수용해 치료하였다.

그러나 혜민서나 활인서 같은 전염병 담당 기관이 있었어도, 백성들이 할 수 있는 가장 적극적인 대처는 무조건 피난을 가는 것이었다. 왕실조차도 병의 치료와 병행해 파병소를 설치, 잠시 피접(避接)을 나갔고, 일반 백성들은 병을 피해 이 고을 저 고을을 떠돌아다닐 수밖에 없었다. 실록에도 이 같은 백성들의 처참한 모습이 잘 드러나 있다.

경상도, 대구 등 고을을 떠도는 백성들이 길에 가득했는데 죽는 자가 매우 많았다. ─ 현종 11년(1670)

백성들이 뿔뿔이 흩어졌다가 죽은 시체가 길에 깔렸다. ─ 현종 11년(1670)

전염병(여역癘疫)은 크게 번지고 유민(流民)은 길에 널려 있는데 열 집 가운데 아홉 집은 비었다. ─ 영조 18년(1742)

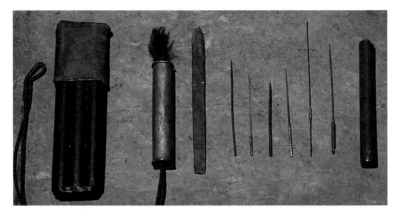

경희대 한의과대학 한의학박물관에 전시된 침통과 침술 도구들. 오래된 의료기구들을 보면 그 시대 진료법을 짐작할 수 있다.

신동원 교수는 조선시대 민초들의 홍역 대처법을 이렇게 설명한다. "현대 의학에서처럼 면역이라는 개념은 없었지만 이미 1770년대부터 많은 사람들이 홍역의 윤곽에 대해 알고 있었다. 한 번 걸린 사람들은 다시 안 걸린다는 것을 경험적으로 알게 된 것이다. 그래서 걸리지 않았던 사람들은 더더욱 두려움에 떨게 되었다. 성 안에서 홍역이 유행하면 아무도 들어오지 않고, 홍역에 걸리지 않은 사람들은 깊은 산골에 숨거나 다른 지역으로 피난을 가서 홍역이 없어질 때까지 기다리곤 했다."

고을에 의원은 있었지만 그들은 지체 높은 왕족이나 양반들에게 불려갔기 때문에 일손은 늘 부족했다. 어떤 의원은 양반의 자제가 나을 때까지 그 집에 감금되기도 했다. 의원이 백성들의 차지가 되기란 하늘의 별 따기였다. 17세기, 전염병이 불어닥친 조선의 모습은《하멜표류기》에도 남아 있다.

전염병에 걸린 조선 백성들은 돈이 없어서 의사 대신 장님이나 점쟁이를

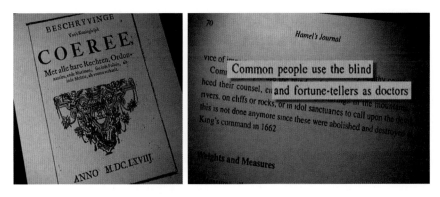

17세기 전염병이 몰아친 조선의 모습을 적은 《하멜표류기》.

탱화 속 여제를 지내는 모습.

찾는다. —《하멜표류기》

전염병이 심해지면 조정에서는 특별 대책을 마련했다. 의서(醫書)를 간행하는 것 외에 민심을 달래기 위해 전국에 제단을 설치했다.

경성과 여러 지방에 여제(癘祭, 역질 제사)를 베풀 것을 명하였다. —영조 25년(1749)

영의정 한익모가 여제를 시행하기를 청하였다. —영조 51년(1775)

전염병을 역귀로 보고, 역귀를 달래는 여제를 올린 것이다. 이러한 상황에서 이헌길의 치료는 남달랐다.《마진기방麻疹奇方》에 전하는 이헌길의 치료법을 살펴보자. 이헌길은 홍역의 발병 과정을 열이 나는

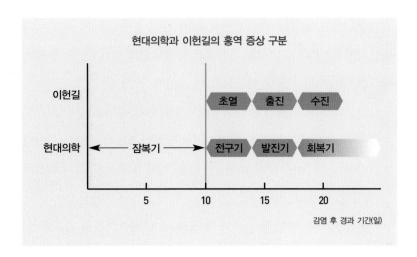

현대의학과 이헌길의 홍역 증상 구분

이헌길 | 초열 | 출진 | 수진

현대의학 ← 잠복기 → 전구기 | 발진기 | 회복기

5    10    15    20

감염 후 경과 기간(일)

초열기간, 진이 돋아나는 출진기간, 진이 떨어지는 수진기간으로 나
누었다. 이는 현대의학에서 보는 홍역의 증상과 같다. 오늘날 홍역은
잠복기, 전구기, 발진기, 회복기 등 총 4단계로 분류된다.

　권두한 박사의 설명을 들어보자. "홍역은 초기 감염 후 10일 정도
의 잠복기를 지나 증상이 나타난다. 초기에는 혀 안쪽에 조그마한 발
진이 돋고, 2~3일이 지나면 전신으로 발진 증상이 퍼진다. 개개인에
따라 심한 경우 사망에까지 이른다. 보름 정도 지나면 상당수는 회복
하게 되고, 경우에 따라서는 기관지염이나 결핵 감염균으로 인한 합
병증을 초래할 수 있다."

　홍역에 대한 이헌길의 시각은 정확했다. 이헌길은 잠복기를 제외
한 전구기(초열), 발진기(출진), 회복기(수진)를 모두 알고 있었고, 각
증상에 따라 적절한 치료법을 선택했다.

　이헌길의 여러 처방 중 가장 대표적인 것이 '승마갈근탕(升麻葛根
湯)'이다. 경희대 한의과대학 의사학교실의 최진우 한의사에 따르면

승마갈근탕은 홍역이 처음 발생해 몸에 진이 돋아났을 때 몸의 열을 발산시키는 약재라고 한다. 이헌길은 환자들에게 승마갈근탕을 써서 열독을 배출시켜 진이 떨어지도록 한 것이다.

이헌길의 치료는 철저한 대증(對症) 치료였다. 홍역은 감염 시간의 흐름에 따라 단계별로 다른 증세가 나타난다. 그래서 처방도 증세에 맞춰야 하는데 열이 나면 승마갈근탕을 먹여 해열시킨 것이 대표적인 예이다.

이동한 박사의 설명에 의하면 홍역과 같은 바이러스성 질환은 바이러스를 죽일 수 있는 특별한 치료법이 없는 경우가 많다고 한다. 일반적으로 홍역에 걸리면, 환자가 열이 날 경우 해열제를 투여하고 수분이 부족하면 수액을 투여한다거나, 합병증으로 폐렴에 걸리면 폐렴 치료를 하는 등 증세에 따른 대증 치료를 한다.

이헌길이 홍역을 치료할 당시 바이러스의 존재는 세상에 알려지지 않았다. 홍역이라는 병의 정체도 천연두를 가리키는 두창(痘瘡)과 혼동을 일으키던 시기였다. 광해군 시절까지도 홍역의 정확한 정체에 대한 지식이 부족했음을 실록의 기록을 통해 알 수 있다.

> 전염병[天行斑疹]으로 백성들이 많이 죽고 있는데 이는 예전엔 거의 없던 증
> 상이다. — 광해군 5년 (1613)

《동의보감東醫寶鑑》 역시 홍역을 두반진(痘斑疹)이라 하여 천연두인 두창 및 유사 홍역 질환들과 분명히 구분하지 못하고 있었다. 그러한 이유로 적절한 치료법을 마련하기가 더 어려웠던 것이다. 김호 경인

교육대 사회교육과 교수의 설명에 의하면 허준(許浚)이 활동하던 16~17세기에 새로운 질병이 중국에서 들어오기 시작했다. 그에 따라 두창과 마진에 대해 허준을 비롯한 의사들이 관심을 갖게 됐고, 17세기 후반부터 비로소 홍역을 진 혹은 마진으로, 두창과 다른 질환으로 표기하기 시작했다고 한다.

　이러한 시기에 오늘날과 유사한 증세별 대증요법으로 이헌길은 수많은 생명을 구해냈다.


## 이헌길은 어떻게 의학을 공부했을까

홍역에 대해 정확히 알려지지 않아 의원들조차도 진료법을 몰라 헤매던 때, 이헌길은 어떻게 홍역의 증세에 따라 치료하는 법까지 알고 있었을까?《마과회통》〈몽수전〉을 보면 이헌길은 전문의원이 아닌 왕가의 후손이라고 적혀 있다. 조선시대 왕가의 자손이 백성들을 치료했다는 것은 놀라운 일이다.

　조선은 양민과 천민, 사농공상의 구별이 뚜렷한 철저한 신분사회였다. 이헌길은 조선 2대 왕인 정종의 15대 손이다. 사실 정종은 조선시대에 그 정통성을 인정받지 못했고 '정종'이라는 묘호조차 17세기인 숙종 7년(1681)에 받았기 때문에 정종의 후손인 이헌길이 우리가 생각하는 높은 왕족은 아니었을 수 있다. 그렇다고 해도 엄연한 양반인 그가 중인 계급인 의원들의 학문인 의학을 공부한 것이다.

하지만 우리가 생각하는 것과 달리 당시 의학은 의원들만의 학문이 아니었다. 유학자들이 일반적으로 접하는 학문 가운데 하나였던 것이다. 《마과회통》의 서문을 보면, 학문을 배우는 것 못지않게 의학을 연구하는 것도 사람을 살리는 방법이라고 말하고 있다.

> 내가 글을 읽고 학문을 배우는 것은 천하의 인명을 살리기 위함이다. 그렇지 않다면 의서(醫書)를 읽어서 의약(醫藥)의 이치를 깊이 연구하는 것 또한 사람을 살리는 방법이 아니겠는가. ─《마과회통》

정조가 지은 《수민묘전》.

즉 유학자가 의학 공부를 하는 것은 단순히 치료를 위한 것이 아니라, 백성에게 덕을 베풀고, 학문을 연마한다는 측면에서 당연한 일이었다. 임금의 도리도 양반과 다르지 않았다. 백성을 배불리 먹이고 병든 이를 구하는 것이 왕의 본분이었다. 그렇기 때문에 역대 왕들은 의서 간행에 깊은 관심을 보였다.

자신의 병을 스스로 돌봤던 정조는 직접 《수민묘전壽民妙詮》이란 의서를 집필할 정도로 의학에 대한 관심이 남달랐다.

이처럼 조선시대 후기 사대부에게 의학 공부는 애민정신을 실천하는 유교의 도리에 다름아니었다. 이헌길도 그 도리에 따라 의학을 공부하고 병든 백성들을 위해 헌신한 것이다.

한국한의학연구원 학술정보부의 안상우 박사는 이헌길에 대해 "처

| 해(瀣) 1647~1673 청운(靑雲): 문학 | 잠(潛) 1660~1706 섬계(剡溪): 경학, 문학 | 서(漵) 1662~1723 옥동(玉洞): 성리학, 서예학, 명학 | 침(沈) 1671~1713 아정(啞亭): 문학 | 익(瀷) 1681~1763 성호(星湖): 경세치용학 |
|---|---|---|---|---|
| 광휴(廣休) 1693~1761 죽파(竹坡): 경학, 박물학 | 병휴(秉休) 1711~1777 정산(貞山): 경학, 주역, 삼례 | 원휴(元休) 1696~1762 금화(金華): 경학, 문학 | 용휴(用休) 1708~1782 혜환(惠寰): 문학, 자학 | 맹휴(孟休) 1713~1751 두산(斗山): 경제, 예학, 실용 |
| 철환(喆煥) 1722~1790 예헌(例軒): 박물학, 명필 | 삼환(森煥) 1729~1813 목재(木齋): 경학, 예학 | 정환(晶煥) 1726~1764 칠계(漆溪): 문학, 경학 | 가환(家煥) 1742~1801 금대(錦帶): 문학, 경세학, 서학 | 구환(九煥) 1731~1784 가산(伽山): 경학, 실용, 지리 |
| 재위(載威) 1722~1790 자헌(梓軒): 박물학 | 재협(載協) 1755~1836 청헌(淸軒): 경학 | 재적(載績) 1747~1822 석헌(石軒): 경학 | 재의(載毅) 1768~1811 손소(損巢): 경학 | 재남(載南) 1755~1835 송남(松南): 경학 |

이익에서 이철환으로 이어지는 가계도.

음에는 자신의 수양 혹은 유학자의 도리로서 의학을 공부했던 것이 우연히 을미년에 전염병이 도는 지역을 지나면서 의학자적 측면에서 자기만의 방식대로 치료에 나서게 됐다"고 설명한다.

이헌길이 의학에 능했던 데는 또 다른 이유가 있다. 이헌길은 어려서부터 예헌 이철환(例軒 李喆煥 · 1722~1790)을 따르며 공부를 했다. 이헌길에 대해 자세히 알려면 먼저 그의 학문적 배경이 되는 스승 이철환에 대해 살펴볼 필요가 있다.

이철환은 조선시대 실학의 대가인 성호 이익(星湖 李瀷 · 1681~1781)의 종손이다. 이익은 17세기 실용주의 학문을 강조하며 조선사회에 새로운 지식체계를 정착시켰다. 그는《성호사설》등의 저서에서 서양 학문을 탐구하면서, 우리 현실에 맞는 지식을 수집해 독창적인 학문 세계를 이끌었다. 마진(홍역)에 대한 연구도 그중 하나였다. 이

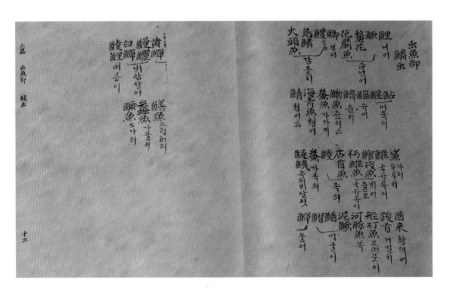

이철환의 《물보》 중 한 페이지.

익의 실용주의적 학문은 곧바로 이철환에게 영향을 미쳤다. 이철환은 글을 잘 쓰는 문장가로 유명했을 뿐 아니라, 오늘날의 백과사전과 비슷한 《물보物譜》를 남길 정도로 실용 학문에 능통한 인물로 알려져 있다.

이익을 중심으로 활동하던 성호학파는 대부분 경기 지역 남인계 학자들이다. 이가환과 《택리지》의 저자인 이중환이 이익의 집안이었고, 이정환, 이철환, 이삼환 등도 당대에 내로라하는 학자들이었다.

이헌길과 이철환의 학문적 교류는 그들이 남긴 시집, 《섬사편剡社編》에 잘 나타나 있다. 이 책에는 여주 이씨 가문의 문인들을 포함해, 이철환의 지인들이 시회에서 읊었던 시들이 적혀 있다. 강세황과 이가환 등 당대의 쟁쟁한 학자들과 함께 이헌길의 시도 남아 있어 그들과의 밀접했던 관계를 짐작할 수 있다.

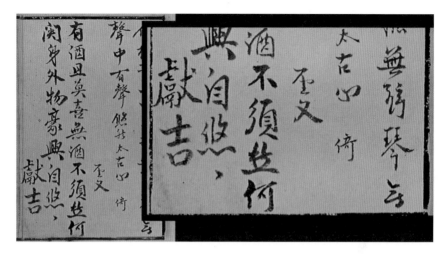

《섬사편》에 나오는 이헌길의 시.

　김호 교수는 "이헌길의 그룹 속에서 다산도 어울렸다. 이들의 학풍
은 서양의 믿을 만한 지식을 수집하고 자신이 직접 경험해보면서 우
리나라에 맞는 새로운 지식 체계를 만들고자 했다. 이 흐름 속에 이
헌길이 있었다"고 설명한다.

　17~18세기 경험을 중시했던 실증 정신은 이익에서 이철환을 거쳐
이헌길로 이어졌다. 이러한 학문적 배경이 이헌길로 하여금 홍역 공
부에 매진케 했고, 그 결과 그만의 홍역 치료법을 완성하게 된 것은
아닐까? 말하자면 새로운 학문을 기꺼이 받아들여 자기만의 것으로
재구성하려 했던 그의 의지가 조선을 구한 것이다.

# 지식과 정, 두 가지를 추구한 남자

이헌길의 업적은 1797년 황해도 곡산(谷山) 부사로 부임한 정약용에 의해 되살아났다. 그는 곡산에 부임하면서 민생을 구제하는 행정을 폈는데 《마과회통》 저술도 그중 하나였다. 정약용은 책에서 홍역의 치료법뿐만 아니라 의원들의 잘못된 태도에 대해서도 언급하였다.

> 의원을 업으로 삼는 것은 이익을 위해서다. 홍역은 십여 년 만에 한 번 발생하니, 이를 치료해서 무슨 이익을 얻느냐며 연구하지 않으니, 결국엔 환자를 치료하지 못하더라. ─《마과회통》

목을 뻣뻣이 세우고 잘난 척하느라 알아보기 힘든 글씨로 처방전을 써서 환자들을 혼란스럽게 하며, 돈이 안 되는 홍역 같은 전염병은 연구하지 않고 안일하게 대처하는 의원들의 자세를 비판한 것이다. 죽어가는 사람들을 치료할 수 있는 자신감이나 의학적 식견이 없는 상황에서 전염병 환자들을 치료한다는 것은 잘해야 본전인 셈이었으니 의원들도 치료를 회피할 수밖에 없었다.

그러나 이헌길은 달랐다. 그는 당시 조선 사람들에게 많이 발생했던 회충과 마진의 관계를 연구해, '이피삼육탕(二皮三肉湯)'이라는 독창적인 치료법도 내놓았다. 정약용은 특히 이헌길이 중국의 의서에도 없는 독자적인 치료법을 만들어낸 점을 높이 평가했다. 조선 후기 이규경(李圭景)이 쓴 백과사전인 《오주연문장전산고五洲衍文長箋散稿》에도 이피삼육탕이 마진과 관련된 회충의 치료에 효험이 있다고 적혀 있다. 김호 교수는 "기존의 의사들은 회충의 증상과 마진의 증상을 연결시키지 못했지만 이헌길은 지속적인 관찰을 통해 회충과 마진의 상관관계 속에서 조선 특유의 발병 원인을 찾아내려고 노력했다. 나름의 가설과 조건 등을 발견하려는 이헌길의 학자적 태도야말로 기존의 경험적 의학자들과 다른 점이었다"고 평가한다.

또한 이헌길은 홍역의 특성상 자신의 치료법이 다음번에는 소용이 없을 수도 있음을 알고 있었다. 《마과회통》〈오견편吾見篇〉에 보면 "내가 죽은 후에는 내 처방으로 마진(홍역)을 치료하는 것이 불가할 것이다"라는 대목이 나온다. 바이러스성 질환의 내성에 대한 나름대로의 고찰이 있었던 것이다.

이헌길은 이외에도 환자들을 치료하면서 터득한 처방법을 독점하지 않고 구술로 전달해 전염병이 도는 순간 누구나 빨리 조치를 취할 수 있게 했다. 당시 자신의 처방전을 공개하지 않고 감추던 의원들과는 전혀 다른 태도였다.

이렇게 이어진 그의 처방은 20세기 초의 《마진비방痲疹秘方》에까지 남아 있다. 그렇다면 혹시 이 책이 이헌길의 책은 아닐까? 정약용이 쓴 《마과회통》과 《마진비방》을 비교해보면, 《마과회통》에서 '이몽수 왈'로 인용된 부분이 《마진비방》의 내용과 똑같다. 김남일 경희대 한의과대학 교수는 "이헌길이 마진에 관련된 것을 여러 책에서 기술했고, 그런 내용들이 《마과회통》에 반영되었는데, 후대 사람들이 그중 홍역에 관련된 부분만 따로 모아 《마진기방》이나 《마진비방》이라는 이름으로 별도 출판했던 것"이라고 말한다. 책 자체는 이헌길의 치료법을 담고 있지만 원래 이헌길이 가졌던 본질적인 사상이나 전체적

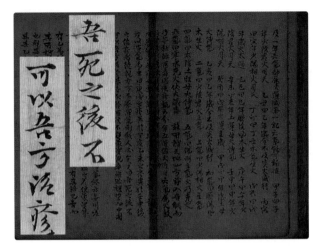

《마과회통》〈오견편〉.
"내가 죽은 후에는 내 처방으로
마진(홍역)을 치료하는 것이
불가할 것이다"라는
글이 보인다.

인 내용까지 담겨 있는지는 계속 연구해봐야 한다는 설명이다.

정약용은《마과회통》을 쓰면서 총 63권의 의서를 참고했다. 중국의
의서가 57종이고 허준, 조정준(趙廷俊) 등 우리나라 의학자의 저술도 6
종 포함되어 있다. 그중에는 이헌길이 쓴《을미신전乙未新詮》이라는 책
도 있다. 정약용이 이헌길의 책을 인용했다는 증거다.

안상우 박사는《을미신전》에 대해 "을미년에 유행한 마진을 치료
한 기록이라는 원서명에서 이헌길의 저서임을 추정할 수 있다.《마진
비방》이나《마과회통》에는 인용된 내용만 전해졌지만, 정약용의 기
록으로 보아《을미신전》이 원작임을 알 수 있다"고 설명한다.

정약용은《마과회통》에서 그가 참고한 63권의 의서 중《을미신전》
을 총 84회 인용했다. 세 번째로 많은 인용이다. 국내 의서 중에서는
단연 최고의 빈도수를 자랑한다. 그만큼 정약용은 이헌길의 실증정신
과 경험을 중시하는 자세를 높이 평가했다. 그래서 이헌길을 가리켜
'홍역에 있어 조선의 으뜸(동국진가지종)'이라 칭한 것이다.

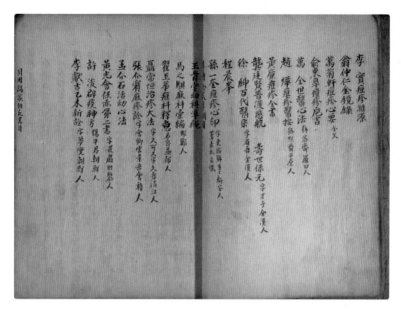

정약용이 《마과회통》을 쓰면서 인용한 의서 제목들. 이헌길의 《을미신전》도 보인다.

이헌길은 단순히 의학을 통해서 사람을 치료한 게 아니라, 실학 정신을 바탕으로 경험적이고 실용적인 의학을 실현한 지식인이었다. 즉 그는 사대부로서 지식인이자 인정을 베푸는 의학자, 이 두 가지를 추구한 인물이었다.

이헌길은 홍역이라는 전염병이 의학적으로 잘 알려지지 않은 상황에서 병을 정확히 진단하고, 조목조목 증세에 맞는 치료법으로 많은 생명을 구했다. 그가 없었다면 조선에서 더 많은 백성들이 목숨을 잃었을 것이다. 그는 홍역으로부터 조선을 구한 명의이자, 진정한 지식인이었다.

한국사傳 5

2

1909년, 하얼빈 역에서 들린 총성.

조선의 한 젊은이가 식민지 조선의 초대 통감이었던

이토 히로부미를 암살한 것이다.

그의 이름은 안중근.

그러나 안중근의 이름에 가려 묻힌 이름이 있었으니,

독립운동가 최재형이다.

# 잊혀진
# 독립운동의 대부
## ― 최재형

노비의 아들로 태어나 세계를 항해하고,
러시아의 자산가가 되어
항일운동에 뛰어든 최재형.
하지만 그를 지켜줄 조국은 어디에도 없었다.
그리고 최재형의 이름은 천천히,
차갑고 어두운 역사의 터널 속으로 사라졌다.

# 33년 만에 전달된 훈장

1909년 10월 26일, 이토 히로부
미(伊藤博文 · 1841~1909)를 태운
열차가 하얼빈(哈爾濱)을 향하고
있었다. 이미 하얼빈 역에서는
한 젊은이가 이토 히로부미를
기다리고 있었다. 안중근(安重
根 · 1879~ 1910)이었다. 이토 히

하얼빈 역에 내리는 이토 히로부미.

로부미를 암살한 안중근은 그 자리에서 체포당한다. 뤼순(旅順) 일본
관동도독부 제1호 법정에서 열린 재판에서는 안중근에게 암살 배후
를 집요하게 캐물었다.

재판장: 이번 일을 누구와 상의하거나 알렸을 텐데.

안중근: 알리지 않았다.

재판장: 의병의 총지휘관은 누구이며 어디 있는가.

안중근: 지금은 어디 있는지 모른다.

재판장: 어떤 명령을 받았을 것이 아닌가.

안중근: 특별히 어떤 명령을 받은 것은 아니다.

재판장: 결국 혼자서 결행할 생각이었는가.

안중근: 그렇다.


안중근은 끝까지 암살 배후를 밝히지 않았다. 그 배후는 바로 지금까지도 베일에 가려져 있는 인물, 최재형(崔在亨 · 1858~1920)이다.

3 · 1운동의 영향으로 중국 상하이(上海)에 대한민국 임시정부가 수립된다. 안창호(安昌浩 · 1878~1938), 김규식(金奎植 · 1881~1950), 이동휘(李東輝 · 1873~1935) 등이 임시정부의 각료로 임명되었다. 그중 임시정부의 살림을 끌어갈 재무총장에 최재형이 임명되었다. 최재형은 당시 러시아에 거주하고 있었지만, 한반도뿐 아니라 해외에서의 무장 항일운동까지 지원할 수 있는 힘과 재력이 있었다.

하지만 지금 최재형에 대해 알려진 바는 거의 없다. 항일운동의 대부(代父)라 부를 수 있을 만큼 큰 업적에 비해, 그의 이름은 낯설기만

최재형의 사진을 보여주는
손자 최발렌틴.

하다. 대한민국 정부에 의해
1962년에 수여된 건국공로훈장
이 최재형의 유족에게 전달되는
데에도 33년이 걸렸다. 한·러
수교 이전, 냉전논리에 가로막
혀 최재형은 사후 70여 년간 그
늘에 가려 있었던 것이다.

  과연 독립운동가 최재형은 어
떤 인물이었을까? 러시아의 수
도 모스크바에 살고 있는 최재
형의 손자 최발렌틴 씨가 소장
한 최재형의 기록들을 통해 그

최재형이 수여받은 건국공로훈장.

의 행적을 짚어보자. 최발렌틴은 최재형의 둘째 아들의 삼남이다. 젊
었을 때는 한국인이라는 사실을 부정적으로만 생각했던 최발렌틴 씨
지만, 이제는 할아버지 최재형이 민족의 영웅이며, 자신이 그토록 훌
륭한 사람의 후손이라는 점이 형용할 수 없을 정도로 기쁘다고 한다.

  그는 최재형의 딸인 최올가가 쓴 〈나의 삶〉이라는 글을 소중히 보
관하고 있다. 글 앞부분에는 최재형이 연해주(沿海州)에서 어떻게 살
았고 무슨 일을 했으며, 동포들을 어떻게 도왔는지, 항일의병부대를
어떻게 조직했는지 상세하게 기록되어 있으며, 뒷부분에는 최올가
의 삶에 대해 기록되어 있다. 최발렌틴 씨가 최재형의 삶을 추적하
는 데 가장 큰 도움을 받은 것이 바로 돌아가신 고모, 최올가의 자서
전이었다.

최재형의 딸 최올가와 최발렌틴의 젊은 시절(왼쪽), 나이든 최올가의 모습.

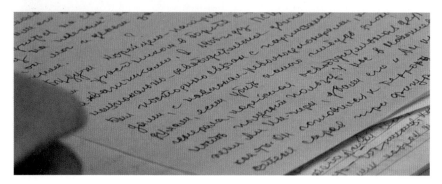

최올가의 글, 〈나의 삶〉의 일부.

> 1906년, 아버지는 독립운동을 주도했다. 일본군을 한 명이라도 살해한다면
> 독립운동에 큰 힘을 실어줄 수 있을 것이라 생각했다. —〈나의 삶〉 중에서

## 항일 무장항쟁, 그 선봉에 서다

1907년, 한반도를 잠식한 일본은 대한제국 군대를 해산시킨다. 의병
들이 전국에서 일어나 격렬히 항거했지만, 일본의 적극적인 진압으

연추에 남아 있는 최재형의 집터.

일본군에게 진압돼 사형당한 의병들.

로 인해 의병들은 점차 설 곳을 잃어갔다. 뿐만 아니라 초라한 무기로 무장한 의병은 일본군의 적수조차 되지 못했다. 국내에서의 무장항쟁이 어려워지자 의병들은 그 기반을 국외로 옮긴다. 특히 두만강과 접경지대인 러시아 연추(延秋, 현 크라스키노Краскино)로 이동한 이들이 많았다.

 1908년, 연추에 살고 있던 최재형은 흩어진 의병들을 자신의 집으로 불러 모아 항일의병운동의 본거지를 마련했다. 지금도 남아 있는 최재형의 집터를 보면 그 규모를 짐작할 수 있는데, 의병들이 숙식을 해결할 수 있었을 만큼 컸다. 또한 최재형은 의병들이 무장투쟁을 전개하는 데 필요한 군자금도 제공했다.

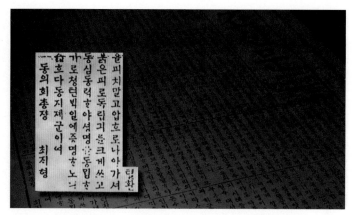

〈해조신문〉에 실린
동의회 취지서.

최재형은 차츰 러시아에 있는 모든 항일의병 세력을 규합해 동의
회(同義會)를 창설했다. 송지나 극동대 한국학과 교수는 "최재형의 집
에서 동의회가 조직되고, 안중근 의사 같은 이들이 동의회에 가입해
서 단지동맹을 맺었다"라며, 연추는 항일 독립운동사에서 아주 중요
한 의미가 있는 지역이라고 설명한다.

동의회는 최재형을 총장으로 하고, 이범윤(李範允 · 1856~1940)이 부
총장, 헤이그 밀사였던 이위종(李瑋鍾 · 1887~?)이 회장을 맡았고, 안
중근 등의 주요 회원이 참석해 발기됐다.

최재형은 동의회 총장의 이름으로 러시아 최초의 한글 신문인 〈해
조신문海潮新聞〉에 일본과의 대격전이 멀지 않았음을 공표하는 취지
서를 실었다.

> 총알을 피하지 말고 앞으로 나아가 붉은 피로 독립기를 크게 쓰고 동심동
> 력하여 성명을 맹세하기로 청천백일에 증명하노니 슬프다, 동지제군이여.
>
> —〈해조신문〉

동의회 창설 후 최재형은 러시아 국경을 넘어 한반도로 침투하는, 국내 진공작전을 계획했다. 의병들을 100명 내외의 소규모 부대로 나눠 두만강 일대로 향하게 한 것이다.

1908년 7월 7일, 의병들은 일본 수비대의 경비가 취약한 지점을 공격, 러시아의 국경지대에서 치열한 접전을 벌였다. 곧이어 7월 10일에는 국내 진격에 나섰다. 회령 인근에서 벌어진 전투 기록을 통해 당시 의병들의 전투력을 가늠해볼 수 있는데, 일본군은 사망 64명, 부상 30명 등 100여 명에 이르는 사상자를 낸 데 반해 의병들의 피해는 부상 4명에 그쳤다. 러시아 국경수비대의 상부 보고서에는, 7월 15일에 한인 의병부대가 경흥시 외곽과 두만강 상·하류에 있는 일본군 초소와 소규모 부대들을 모두 격파했다는 기록도 있다.

이러한 항일의병의 놀라운 전투력은 최재형의 무기 지원 덕분이었다. 최재형이 러시아 군인들로부터 최신식 무기를 들여왔던 것이다. 러시아 함대 창설 300주년을 기념해 세워진 블라디보스토크 요새박물관에 전시되어 있는 무기를 통해 당시 전쟁에 쓰인 무기들의 성능을 짐작해볼 수 있다. 이곳에 전시된 1900년대 초 러시아의 대표적인 총기인 모신소총은 제2차 세계대전 때까지 사용됐을 정도로 러시아 육군의 주력 소총이었다. 4킬로그램의 비교적 가벼운 무게에다 유효사정거리가 550미터에 달해 일본군 주력 소총인 38식 소총보다 성능이 월등했다.

그렇다면 최재형은 모신소총을 어떻게 구할 수 있었을까? 당시 러시아는 러일전쟁에서 패해 일본에 적대적인 감정을 가지고 있었다. 최재형은 이런 상황을 적극 이용, 러시아 군인들을 설득해 심정적인

러시아군의 주력 소총인 모신소총.

동조를 이끌어내고 최신 무기를 구한 것이다. 결국 러시아 항일의병
이 활약한 국내 진공작전은 최재형이 없었다면 불가능한 것이었다.


## 굶주린 아이에서 러시아 엘리트로

러시아의 군사물자까지 끌어다 의병에게 조달하고, 동의회에서 필요
한 상당 금액의 군자금도 마련한 러시아 지역의 큰손이었지만, 최재
형은 놀랍게도 함경도 경원 출신 노비의 아들이었다. 그가 러시아로
이주한 것도 1860년대에 발생한 함경도 지역의 심한 기근에 휩쓸려
굶어죽지 않기 위해서였다. 그런 그가 어떻게 항일의병부대를 이끌
어나갈 막대한 재력을 갖추게 되었을까?

1869년, 열 살이었던 최재형은 형과 아버지를 따라 고향을 떠난다.
삼엄한 국경 경비를 피해 두만강을 건너 중국 훈춘(琿春)으로, 다시 러

1869년, 최재형과 그의 가족이 기근을 피해 함경도에서 지신허까지 이동한 경로.

시아의 지신허(地新墟)로 이어지는 대장정이었다.

　러시아 연해주의 지신허는 1860년대에 정착한 초기 한인 이민자들이 세운 마을이다. 그러나 1937년, 스탈린에 의해 한인들이 강제 이주되면서 지금은 그 자취가 거의 남아 있지 않다. 송지나 교수의 설명에 의하면, 이곳 사람들이 연자방아 등 한인들의 흔적을 장식용으로 가져가서 이제는 찾아보기가 어렵다는 것이다. 실제로 지신허 마을에 살고 있는 시지코프 보리스 씨는 쟁기와 호미 같은 한인들의 흔적을 보관하고 있었다. 이를 통해 러시아의 한인들이 조선에서와 같은 방식으로 땅을 일구며 삶을 꾸려나갔음을 짐작할 수 있다.

　하지만 초기 정착민들이 이곳을 찾았을 때는 거의 황무지에 가까웠다. 그곳에 삶의 터전을 마련하기 위한 한인들의 노력은 눈물겨웠다. 영국의 지리학자인 이사벨라 버드 비숍(Isabella Bird Bishop)은 《한국과 그 이웃 나라들Korea and Her Neighbours》(1897)에서 당시의 이곳

러시아 초기
한인 이주민들의 모습.

상황을 '절대 빈곤(absolutely destitute)'이라 표현하고 있다.

최재형의 집안도 예외가 아니었다. 배고픔을 참을 수 없었던 최재
형은 결국 지신허에 도착한 지 2년 만인 열두 살 되던 해에 가출을
하게 된다. 무작정 걷기 시작한 최재형의 눈에 인근에서 가장 큰 포
시예트 만의 항구가 들어왔다. 배고픔과 피로에 지쳐 항구 구석에서
잠이 든 최재형을 발견한 사람은 표트르 세묘노비치라는 러시아 선
장이었다. 선장 부부는 최재형을 친아들처럼 귀하게 길렀다. 특히
선장 부인은 최재형을 극진히 아꼈는데, 그에게 러시아어뿐 아니라
문학, 과학 등 서양 학문까지 가르쳤다. 또한 최재형은 선장과 함께
여행하며 세계 정세를 익혀나갔다. 그가 6년 동안 항해한 경로는 무
려 세계일주 두 번에 해당하는 거리였다. 그의 나이 18세, 선장 부부
덕에 최재형은 헐벗고 굶주린 소년에서 러시아의 '인텔리'로 다시
태어났다.

최재형은 러시아 학교에 입학한 최초의 한국인이기도 했다. 언어
감각이 뛰어났던 그는 모스크바와 상트페테르부르크 등지를 다니며

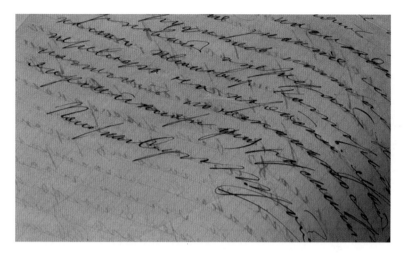

러시아 정부에 보낸 최재형의 편지. 개인 전용 편지지에 쓴 막힘없는 필체가 화려하다.

많은 러시아인과 접촉하며 고급 러시아어를 익힐 수 있었다. 러시아 극동문서보관소에는 최재형의 러시아어 실력을 짐작해볼 수 있는 자료가 남아 있다. 문서보관소의 토로코프 소장은 최재형의 러시아어 실력이 뛰어났고 필체도 좋았다며, 특히 자신의 생각을 러시아어로 정확히 전달할 수 있는 능력이 있었다고 분석했다.

언어 장벽이 없는데다 세계를 두루 경험한 최재형은 러시아의 적극적인 극동정책에 따라 탄생한 도시 블라디보스토크에서 드디어 자신의 역량을 펼칠 기회를 잡는다. 겨울에도 얼지 않는 부동항을 확보하는 게 쉽지 않았던 러시아 입장에서 블라디보스토크는 유일한 희망이었다. 1880년부터 연해주의 중심도시 블라디보스토크에 사람들이 몰려들었고, 곳곳에 도로와 철도가 건설되었으며, 차츰 무역 중심도시로 확고한 자리를 잡았다. 이때부터 한인 이주자들이 중요한 노동력으로 부상했다.

블라디보스토크 각지에서 행해진 공사들. 이때 한인 이주자들이 많이 참여하게 된다.

　　그리고 마침 블라디보스토크에 있던 최재형이 전면에 나설 기회가
찾아왔다. 1884년, 연해주의 라즈돌리노예에서 연추에 이르는 200킬
로미터 도로가 개설될 때 러시아어를 모르는 한인 노동자들의 대변
자로 도로 건설에 참여하게 된 것이다. 당시로서는 엄청난 규모의 공
사였다. 라즈돌리노예에서 연추에 이르는 구간의 도로는 러시아의
극동 진출에 중요한 역할을 담당했으며, 지금까지도 이용되고 있다.
　　최재형의 맹활약에 러시아 관료들은 깊은 신뢰를 보내게 되고, 곧
이어 그에게 또 다른 기회가 다가온다.

# 한인 최초 도헌에 선출되다

1800년대 후반, 한인들이 거주하던 연추는 군사도시로 급성장하고 있었다. 여름이면 러시아 해군의 대함대가 정박했고 보병도 1만 명 이상이 상주했다. 그러다 보니 이들을 상대로 한 군납업이 이윤을 가장 크게 내는 사업이 되었다. 최재형도 연추의 한인들을 고용해 군납업에 뛰어들었다. 당시 최재형이 러시아 군대에 납품한 소가 한 달에 무려 150마리였다. 러시아 돈으로 환산하면 9만 루블에 이른다.

극동러시아과학원의 알렉산더 페트로브 박사는 "최재형의 소득은 매우 높았으며 연간 10~15만 루블을 벌어들였다"고 설명한다. 1912년, 유명 기업의 판매상들은 33~35루블, 고급요리사는 45루블, 노동자들은 10~15루블 정도의 월급을 받았다는 것을 감안할 때 이는 매우 큰돈이었음을 알 수 있다.

힘든 일도 마다 않는 성실한 한인들은 최재형의 사업 확장에 원동력이 되었다. 그렇게 확대된 사업에서 비롯된 이윤은 다시 한인들의 이익으로 돌아갔고 연추의 한인들은 그와 함께 부를 쌓아갔다.

연해주 연추에서 태어난 박미하일 모스크바대학 한국학센터 교수는 연추와 최재형을 이렇게 기억하고 있었다. "연추는 급부상하는 도시였고, 최재형은 연추 사람들의 존경을 받는 지도자이자 인기인이었다. 그는 모든 사람들을 자기와 동등하게 대했다. 누구나 최재형에게 생활의 어려움을 이야기할 수 있었고 실제로 많은 사람들이 그에게 도움을 받곤 했다."

당시 연추에서는 집집마다 최재형의 사진을 걸어놓았을 정도로 그 인기가 대단했다고 한다. 한인들의 전폭적인 지지를 기반으로 1893년, 34세의 최재형은 한인 최초로 도헌(都憲)에 선출된다. 도헌은 우리나라의 군수와 유사한 자리로 이제 그는 한인을 대표하는 러시아 행정조직의 일원이 된 셈이었다.

최재형은 교양인인데다 부유했기 때문에 극동지역의 한인사회에서 막강한 영향력을 발휘하고 있었다. 연추 지방의 도헌 선출 문제가 제기되었을 때 사람들은 만장일치로 최재형의 손을 들어주었다. 연해주 지방 행정부 역시 최재형이 도헌으로 선출되기를 바라고 있었다.

이렇듯 최재형이 큰 성공을 이룰 수 있었던 데는 세 가지 비결이 있었다. 현지인 같은 러시아어 실력과 그를 믿고 따르는 성실한 한인들의 노동력, 그리고 뛰어난 사업수완이 그것이다. 마치 황금알을 낳는 거위처럼, 그가 벌이는 사업들은 모두 번창했다.

고향을 떠나 마지못해 찾아간 낯선 곳 러시아 연해주가 차츰 희망의 땅으로 변해가자, 러시아 한인 이주민은 계속 늘어 1900년에는 10만 명에 달했다. 그리고 최재형은 러시아 한인들 사이에서 성공의 대명사가 되었다.

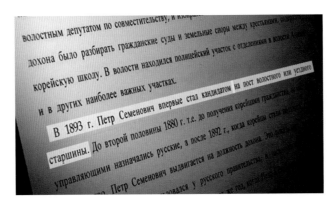

최재형의
도헌 선출 기록.

# 러시아 최대 의병조직을 발족하다

최재형은 연추에서 사업가로서만 활약한 것이 아니다. 도시 외관을 정비하고 교육시설도 마련했다. 이런 성과들로 인해서 1896년엔 니콜라이 2세(Aleksandrovich Nikolai II)의 대관식에 참석, 황제로부터 예복을 하사받기도 했다. 러시아 정부로부터 수차례에 걸쳐 훈장도 수여받았다. 그야말로 남부럽지 않은 생활을 누리고 있던 그가 왜 자신의 모든 것을 걸고, 항일의병투쟁에 나서게 된 것일까?

1904년 2월, 러시아와 일본은 한반도를 사이에 두고 대격돌을 벌인다. 바로 러일전쟁(1904~1905)이다. 하지만 러시아의 참패로 전쟁은 금방 끝나고 만다. 조선인인 동시에 러시아 국적을 가진 러시아 국민이었던 최재형은 이 전쟁에 군인으로 참전해서 러시아 군대와 인연을 맺게 되었다.

이듬해인 1905년, 일본은 대한제국의 외교권을 박탈하는 을사조약(乙巳條約)을 맺는다. 그리고 헤이그 밀사사건을 빌미로 1907년에 고종을 퇴위시키고 조선의 군대마저 강제로 해산시킨다. 연이어 벌어지는 일본의 만행에 그의 분노는 깊어질 수밖

1904년에 벌어진 러일전쟁.

일본에 의해 강제 퇴위된 고종.

에 없었다. 진지하게 항일독립운동을 고민하기 시작한 최재형에게 간도관리사였던 이범윤이 찾아왔다. 일본이 러일전쟁에 승리하고 간도를 차지하자, 이범윤은 더 이상 그곳에서 활동할 수가 없었다. 드디어 최재형이 항일투쟁에 나설 기회가 온 것이다.

하지만 이범윤이 데려온 의병들은 상당수가 사냥을 하던 포수 출신이었고 제대로 된 무기도 갖추지 못한 상태였다. 금전적 지원이 절실했다. 이범윤의 의병들을 정비하는 데 그의 자금 1만 루블이 사용되었음을 연해주 군정장관에게 보고한 기록이 남아 있다. 이렇게 해서 1908년 4월, 러시아 최대 의병 조직인 동의회가 발족되기에 이른다.

동의회 의병들은 주로 러시아, 조선, 중국 3개국을 넘나들며 수월하게 공격과 후퇴를 할 수 있는 두만강 일대에서 일본군을 대상으로 게릴라전을 벌였다. 박환 수원대 사학과 교수는 동의회의 활동이 해외 독립군의 국내진공작전이라는 측면에서 상당히 중요한 역할을 했다고 평가한다.

한편 이전까지와 다른 조선 의병들의 적극적 전술에 놀란 일본은 러시아를 본격적으로 압박한다. 의병들이 러시아 지역을 본거지로 삼았는데도 러시아가 소극적으로 대처한다고 보았기 때문이다. 러일전쟁에서 일본에 패한 패전국인 러시아 입장에서는 일본의 요구를 더 이상 묵살할 수 없었다. 일본은 최재형을 항일의병의 배후로 파악했고, 결국 러시아 정부가 최대형을 대하는 태도도 달라졌다.

일본 정부가 불만스럽게 생각하는 최재형의 활동을 즉각 감시하고 한인 부대의 활동을 금해야 한다. — 1908년 5월 24일, 연해주 주지사가 아무르 총독에게 보낸 전문

최재형은 난관에 봉착했다. 가깝게 지내던 러시아 장교들도 그를 더 이상 지지할 수 없었다. 1908년 7월부터 9월까지 2개월 동안의 의병활동은 일본 정부가 확보한 명백한 증거였다. 일본의 압박으로 러시아 정부는 적극적으로 의병을 통제하고 활동을 금지하는 방향으로 정책을 전환하게 된다.

게다가 당시 러시아 극동지역 총독이었던 운테르베르게르(Unterberger)는 한인들에게 심한 반감을 가지고 있었다. 곧 러시아 정부는 한인사회를 압박하기 위해 의병의 근간이 되는, 러시아 국적을 가진 한인 젊은이들을 징집하기 시작했다. 뿐만 아니라 관리되지 않고 흩어져 있던 무기들을 회수하기 시작했다.

연해주 한인사회를 항일무장투쟁의 거점으로 이끌던 최재형은 한 순간에 러시아의 골칫덩이로 전락했다. 최재형은 갑작스러운 러시아의 입장 변화로 곤란해진데다, 일본의 음모로 첩자라는 누명을 쓰고 러시아 정부의 심문까지 받아야 했다. 누명은 곧 벗겨졌지만 이 일로 도헌 자리에서 물러날 수밖에 없었다. 전처럼 눈에 띄는 활동을 할 수 없게 된 최재형은 새로운 돌파구를 찾아야 했다.

# 안중근과 거사를 모의하다

최재형의 항일투쟁 수단이었던 〈대동공보〉.

최재형은 무장투쟁 대신 언론투쟁이라는 새로운 항일의 길을 모색한다. 그 결과 연해주 한인들의 민족의식을 고취하기 위해 〈대동공보大東共報〉를 발행했다. 연해주에는 10만이 넘는 한인들이 거주하고 있었기 때문에, 신문의 발행은 급격히 증가한 한인들을 하나로 결집시키기 위한 효과적인 무기가 될 수 있었다. 알렉산더 페트로브 박사의 설명에 의하면, "〈대동공보〉는 연해주 지역 상황에 대한 정보를 제공하는 기사를 많이 실었다. 뿐만 아니라 최재형은 러시아에 거주하던 한인 동포들에게 일본 제국주의에 대항해 한반도 독립을 이룰 것을 촉구했다. 〈대동공보〉는 강력한 항일 성향을 띠고 있었기 때문에 일본과 러시아 정부가 주시하지 않을 수 없었다"고 한다.

〈대동공보〉 기사나 논설에는 '무례(無禮)한 일장관(日將官)', '일인의 간교한 일', '우리와 이어온 수천 년부터 역사상 원수'와 같이 일본에 대한 과격한 표현들이 자주 눈에 띈다. 〈대동공보〉가 러시아뿐 아니라 중국, 미국, 멕시코, 영국 등 한인이 거주하는 전 세계로 사세(社勢)를 확대하자, 일본은 긴장할 수밖에 없었다.

〈대동공보〉가 항상 과격한 논조로 배일의식 고취에 노력하고 이에 노령주
재 한인들의 배일상은 날로 그 강도를 높여가고 있다.

— 재러한인관계보고서, 1910년 4월 4일

이처럼 〈대동공보〉의 발간을 통해 최재형은 좀 더 효과적인 항일투
쟁을 추진해나갈 수 있었다. 안중근과 최재형의 운명적 만남도 〈대동
공보〉를 매개로 이루어졌다.

　1909년 가을, 연추의 〈대동공보〉 통신원인 안중근이 최재형을 만나
기 위해 신문사로 찾아왔다. 이토 히로부미가 러시아 재무상을 만나
기 위해 하얼빈을 방문한다는 기사가 실린 지 얼마 지나지 않아서였
다. 최올가의 자서전에는 이 무렵의 일이 자세히 기록되어 있다.

> 안중근은 거사를 준비하며 암살 연습을 했다. 내 동생 소냐는 마당에서 놀
> 다가 이 모습을 엿본 적이 있다. 이후 안중근은 하얼빈으로 가서 일본군 장
> 군을 사살했다. —〈나의 꿈〉 중에서

　최재형은 안중근의 거사를 적극 지원하며 함께 구체적인 계획을
세웠다. 처단 장소는 하얼빈 역으로 결정되었다. 이곳은 러시아의 영
향 아래 있었기 때문에, 체포된 후 재판이 러시아 법정에서 진행될
가능성이 컸다. 또한 거사의 성공 여부와 상관없이 체포됐을 때 공개
재판을 통해 대한제국의 사정을 전 세계에 알릴 수 있다는 점에서도
하얼빈은 최선의 선택이었다.

　1910년 10월 21일, 대동공보사 편집실에 머물던 안중근과 우덕순

안중근의 가족, 부인 김아려 여사와 아이들.

(禹德淳 · 1880~1950)은 신문사에서 마련한 얼마간의 자금과 권총 세 정을 들고 신문사를 나섰다. 그들이 블라디보스토크에서 기차를 타고 하얼빈으로 향하는 사이 최재 형은 〈대동공보〉의 주필이자 변호 사인 미하일로프를 대기시켰다.

1909년 10월 26일, 안중근의 총 알은 정확히 이토 히로부미를 관통했다. 마침내 조선 침략의 원흉이 사라진 것이다. 최재형은 지체하지 않고 변호사 미하일로프를 하얼빈 으로 보냈으나 예상과 달리 재판권이 일본으로 넘어가 일본인 관선변 호사가 선임됐다. 뤼순 일본 관동도독부 제1호 법정법정에서 연일 안 중근에 대한 재판이 진행되었다.

재판장: 이토 공이 만주를 순시한다는 소식은 언제 알았나.

안중근: 블라디보스토크로 오는 날, 신문에서도 보았고 풍문으로도 들었다.

재판장: 신문? 어느 신문사인가.

안중근: 대동공보사에 가서 신문을 보았다.

재판장: 따로 사람을 만나진 않았나.

안중근: 신문을 좀 보여달라고 부탁했을 뿐이다.

끝내 일본은 암살의 배후를 밝혀내지 못했다. 안중근은 모두 혼자 꾸민 일이며 자금도 빌려서 마련한 것이라고 답변했다. 항일운동의

지속적 전개를 위해 최재형은 안중근이
끝까지 숨겨야 하는 존재였던 것이다.

러시아 지역 항일운동의 대부였던 최재형.

안중근이 활동했던 1909년 당시 러시
아 지역의 항일독립운동을 실질적으로
이끌어갔던 인물은 최재형이었다. 동의
회 총재였을 뿐만 아니라 러시아 지역의
항일독립운동의 모든 재원을 실질적으
로 지원한 이가 최재형이었다. 따라서
최재형이 체포되면 러시아 전체 지역의
독립운동이 와해될 수밖에 없었다. 박환 교수는 그런 이유에서 안중
근 의사가 철저하게 최재형이라는 인물을 감쌌다고 추정한다.

안중근이 사형당한 뒤, 최재형은 안중근의 식솔들을 보살피기 시
작했다. 이것이 최재형이 안중근을 위해 마지막으로 할 수 있는 일이
었다.

이토 히로부미의 암살 이후, 연해주 한인들에 대한 러시아의 감시
와 압박이 심해졌다. 그런 상황에서 항일운동 지도자들은 더욱 핍박
을 받을 수밖에 없었다. 이상설(李相卨 · 1870~1917)은 체포됐고, 이범
윤은 국경에서 멀리 떨어진 이르쿠츠크(Иркутск)로 추방을 당했다.
최재형도 신상이 위태롭긴 마찬가지였지만, 회원이 9천여 명에 이르
는 권업회(勸業會)를 창설하는 등 독립운동의 고삐를 늦추지 않았다.
하지만 그마저도 오래갈 수 없었다.

우스리스크의 최재형 집. 그가 말년을 보낸 곳이다.

# 잊혀진 최재형을 기억한다는 것

1916년, 최재형은 러시아 당국에 의해 체포된다. 이미 조선을 합병하고 거칠 것이 없던 일본이 최재형을 '일본을 위해 일하는 대러시아 스파이'로 몰고 간 것이다. 결국 무혐의로 풀려나긴 했지만 러시아는 최재형을 경계하며 그와의 관계를 끊어나갔고, 거래 또한 하려 들지 않았다. 박환 교수에 의하면 "1914년 제1차 세계대전이 발발한 후 최재형의 경제적 상황이 특히 어려워졌다. 그동안 축적했던 부는 독립운동 자금으로 거의 사용했고 이후의 경제 활동은 일본과 러시아의 견제에 의해 제대로 이루어질 수 없었다"고 한다. 최재형은 연해주 우스리스크(Уссурийск)에서 초라하기 그지없는 말년을 보냈다.

1917년, 러시아 혁명이 일어났다. 일본은 이 혼란을 틈타 1920년, 무력으로 연해주를 침입한다. 연해주에 사는 일본 거류민을 보호한다는 구실 아래 대대적으로 러시아 혁명 세력과 한인들을 체포하고 학살을 자행한 것이다. 이른바 4월참변이다. 이때 독립운동지도자들뿐 아니라 민간인들이 100여 명 넘게 목숨을 잃었다.

1920년 4월 5일 아침, 최재형도 블라디보스토크를 지나 우스리스크까지 공격해온 일본군에 의해 체포되고 만다. 체포된 최재형은 취조도 재판도 없이 곧바로 총살형에 처해졌다. 그의 나이 61세. 항일운동의 거목이 무참히 쓰러진 것이다.

러시아 국적을 가진 자산가로서

연해주에 진출해 4월참변을 일으킨 일본군.

풍족한 삶을 살 수 있었으나 조국의 독립을 위해 목숨을 바친 최재형. 최재형은 가장 중요한 가치를 위해 자신의 생명과 자신이 이룬 모든 것을 포기했다. 하지만 그는 해방과 분단 등 격동의 역사를 거치면서 천천히 우리 뇌리 속에서 잊혀져갔다.

이처럼 드러나지 않은 항일독립운동가들의 공로는 비단 최재형에게만 해당되는 것이 아니다. 아직도 독립운동에 참여했던 수천 명의 전사자들의 이름이 밝혀지지 않았다. 하지만, 아직 늦지 않았다. 기억하고 보존하기에 이미 늦어버린 역사란 아무것도 없다.

# 한국사傳 5

# 3

조선 후기,

사회의 부조리를 해결하고

백성들의 고통을 어루만져주던

희망의 구세주, 암행어사.

그 암행어사의 대명사로 박문수가 꼽힌다.

박문수는 어떻게 암행어사의 대명사로 이름을 드높이게 된 것일까?

# 암행어사의
# 전설이 된 남자
## ── 박문수

오직 백성을 위한 정치를 펼치고
그 뜻을 실현하고자 노력했던 박문수.
그는 백성들이 원하고 기다려온 진정한 관리의 모습을
몸소 실천해 보임으로써
전설의 암행어사로 기억되고 있다.

# '문수신'부터 《박문수전》까지

경상북도 영양군의 한 마을에서는 정월대보름이 되면 오래전부터 마을의 수호신으로 섬기고 있는 문수신에게 마을의 안녕과 풍년을 기원하는 제사를 지낸다. 이들이 모시는 문수신은 바로 우리가 암행어사의 대명사로 알고 있는 박문수(朴文秀·1691~1756)이다. 사람들은 왜 박문수를 신으로 받들고 있을까?

암행어사는 조선시대에만 존재했던 특별한 직책으로, 임금의 명을

문수신에게 제사 지내는 모습(왼쪽)과 문수신의 모습(오른쪽).

받고 비밀리에 임무를 수행하는 관리를 말한다. 이들은 주로 관리의 비리를 고발하고, 백성들의 고충을 해결하는 역할을 도맡아 했다. 힘 없고 가난한 조선 백성들의 유일한 희망이 바로 암행어사였던 셈이다.

조선시대에는 명종 이후 350년간, 무려 600여 명의 암행어사를 파견했다. 이 많은 어사들 중에서 오늘날까지 기억되고 존경받는 암행어사는 박문수뿐이다. 하지만 유명세에 비해 그의 구체적인 행적에 관해서는 알려진 바가 그리 많지 않다. 그러한 그가 암행어사의 대명사가 된 이유는 무엇일까?

경상도 문경새재의 세 번째 관문인 조령관에는 박문수에 관한 전설이 전해지고 있다. 암행어사 박문수가 조령관을 지날 때 산봉우리에 마패를 걸어두었는데, 그 때문에 '마패봉'이라는 이름이 붙었다는 것이다. 문경새재박물관의 안태현 학예연구사는 마패봉이 박문수가 영남어사로서 발령받아 내려오는 길에 자신의 업무에 대한 각오

박문수의 전설이 서린 마패봉 전경.

를 다진 장소가 아닐까 추정한다.

또 구전설화 1만 5천여 편을 모아놓은 《한국구비문학대계》에 등장하는 인물 관련 설화 중 가장 많은 수를 차지하는 것이 어사 박문수의 이야기다. 설화 속 박문수는 과연 어떤 인물이었는지 살펴보자.

> 전라도 구천동 마을을 암행 중이던 박문수는 밤이 깊어 하룻밤 묵을 곳을 찾고 있었다. 한참을 걷다 겨우 한 집을 발견했는데, 방 안에서는 괴이한 일이 벌어지고 있었다. 노인이 젊은이를 죽이려 하고 있었던 것이다. 박문수가 자초지종을 캐묻자 노인이 털어놓기를, 이웃에 사는 천씨가 자기 며느리를 빼앗아 혼인하려고 해 아들과 함께 죽으려 했다는 것이었다. 다음날, 박문수는 천씨의 혼례식장으로 출두했다. 그리고는 천씨를 끌어내 그 죄를 물었다.

암행어사 시절 박문수가 백성들을 위해 베푼 선정은 백성들의 입에서 입으로 전해졌다. 그리고 그것은 어사 박문수에 관한 무수한 전설과 이야기로 재탄생했고 조선시대 각종 야담집들을 통해 지금까지 전해 내려온다.

> 암행어사 박문수는 어느 날, 홀어머니와 아들 단둘이 살고 있는 집에 묵게 되었다. 아들의 얼굴에 근심이 가득해 박문수가 그 사정을 물었다. 아들은 좌수댁 딸에게 혼인을 청한 일이 있었는데, 좌수가 자기를 무시하는 처사라며 노발대발했다는 것이었다. 좌수는 심지어 날마다 총각을 불러 모욕을 주고 있었다. 이들의 딱한 사정을 들은 박문수는 곧장 좌수댁으로 찾아갔다. 박문수는 총각의 삼촌 행세를 하며, 왜 조카를 모욕하느냐고 따진다.

영양군에 남아 있는 문수당 전경. 백성들의 억울함과 굶주림을 해결해준 박문수의 은혜를 기리기 위해 문수신을 모신 사당이다.

그러나 좌수가 들은 척도 않자, 결국 마패를 꺼내 자신의 신분을 밝힌다. 그리고 좌수에게서 혼인 약속을 받아냈다. 또 좌수의 재산 절반을 사위에게 주도록 했다.

실제 박문수는 나이가 차도록 결혼을 못한 처녀들의 혼인 문제까지 나서서 해결해줄 정도로, 민생에 귀를 기울이는 어사였다. 실록에는 박문수가 국가 차원에서 이 문제를 해결해야 한다는 내용의 상소를 올렸다는 기록이 남아 있다.

혼가(婚嫁)를 제때에 하게 함은 왕정(王政)의 선무(先務)입니다. 지금 서울 밖의 처녀로 나이가 20~30이 넘도록 시집 못 간 자가 매우 많아 원망이 가슴에 맺혀 화기(和氣)를 손상할 것입니다. ─ 영조 6년(1730) 12월 24일 조선시대 이후로도 암행어사 박문수의 활약담은 꾸준히 전해져, 20세기에는 소설《박문수전》(1926)이 출간되기도 했다. 오직 백성을 살피고 돌보는 데 전념했던 박문수는 소설을 통해 더욱 강하고 전지전능한 암행어사로 다시 태어났다. 최운식 교원대 국어교육과 명예교수는 "박문수가 암행어사직을 여러 차례 수행하면서,

1920년대 발간된 소설 《박문수전》 표지.

백성들을 도와주고 부정부패를 바로잡으려는 의지를 가진 인물이라는 인식이 일반화되면서 암행어사 하면 박문수, 박문수 하면 암행어사로 이야기가 확장되고 그 이야기가 재생산되어 널리 퍼지게 되었다"고 설명한다.


## 백성들의 인기를 한몸에 받다

조선 최고의 실학자 정약용, 추사 김정희(金正喜), 명재상이었던 채제공(蔡濟恭)의 공통점은 모두 암행어사 출신이라는 것이다. 그런데 그런 쟁쟁한 인물들을 제치고 암행어사의 전설이 된 사람은 박문수이다. 설화가 아닌 역사 속 진짜 박문수의 삶은 어떠했을까?

충남 천안시 북면의 충헌사에는 박문수의 유물들이 보관되어 있

박문수 사당인 충현사 전경.

다. 박문수가 받은 각종 교지들을 보면 그가 조정의 주요 관직들을
두루 거쳤음을 알 수 있다. 소론 명문가 고령 박씨 집안에서 자란 박
문수는 일찍부터 재주가 뛰어나고 총명했다. 하지만 어린 시절, 그의
삶은 순탄치 못했다. 여덟 살에 아버지를 여의고, 큰아버지, 할아버
지 등 집안 어른들이 한두 해 간격으로 전부 돌아가시는 바람에 어머
니가 온종일 길쌈을 해서 끼니를 마련하고 아들을 공부시켰다. 가난
한 형편에도 불구하고 늘 자신보다 어려운 이들을 돌보며 사는 어머
니의 모습이 어린 박문수에게는 가장 큰 인생의 가르침이 되었다.

박문수는 서른세 살 되던 경종 3년(1723)에 마침내 과거에 합격한
다. 경기도 안산의 칠장사에서 기도를 하면 장원급제를 한다는 전설
이 있었기 때문에 조선시대 과거시험을 앞둔 젊은이들이 많이 찾았
는데, 박문수도 이곳에 들러 나한전에서 기도를 하고 잠이 들었다가
꿈에 나한이 답안을 일러주어 과거에 합격했다는 이야기가 전하기도

한다.

4년 후인 1727년에 박문수는 암행어
사로 임명된다. 암행어사는 왕이 직접
선발했을 정도로, 왕의 신임이 두터운
사람만이 뽑힐 수 있었다. 또한 강직하
고 명석한 사람이라는 전제 하에 일정
정도 직무 경험이 있는 사람을 파견하
는 것을 원칙으로 삼았다.

박문수 영정.

암행어사 파견을 통해, 왕은 각 지방의 사정을 좀 더 상세히 파악
할 수 있었다. 왕은 암행어사가 지방으로 내려가 수행해야 할 일들을
구체적으로 지시했는데, 그 내용을 적은 것이 봉서(封書)다. 양진석
규장각 한국학연구원 학예연구관에 따르면 암행어사가 된 자가 봉서
를 받으면 반드시 도성 밖에 나가서 펼쳐봐야 했고, 이때야 비로소
자신이 어떤 지역으로 암행을 가게 되는지 알 수 있었다고 한다. 주
로 동묘까지 와서야 봉서를 열어볼 수 있었고, 암행지를 확인한 암행
어사들은 집에도 들르지 못하고 곧장 길을 떠나야 했다.

그렇다면 암행은 어떻게 이루어졌
을까? 암행어사였던 박내겸이 남긴
《서수일기西繡日記》를 통해 어사들이
임무를 수행하기 위해 얼마나 많은
고충을 겪어야 했는지 살펴볼 수 있
다. 무엇보다 암행어사들은 신분을
숨기는 일이 가장 어려웠다고 한다.

암행어사가 받은 봉서. 진주, 거제 등 암행지가
적혀 있는 것이 보인다.

의심을 품고 발자취를 더듬어 몰래 쫓아다니면서 떨어지지 않아 몹시 힘이
들었다. —《서수일기》

암행어사는 사람들의 의심을 받기도 하고, 미행을 당하는 일도 있
었다. 고석규 목포대 역사문화학부 교수는 "사람들은 암행어사라는
의심이 들면 고의적으로 업무 방해를 하기도 했다. 심지어 가짜 어사
로 몰려 죽임을 당하는 이들도 있었다. 암행어사는 암행을 유지하기
위해 때로는 목숨을 버리는 위험까지도 감수해야 하는 대단히 어려
운 직무였다"고 설명한다. 실제로 전라도에서는 영조 39년 4월 9일
에 암행어사 홍양한(洪良漢)이 사망하는 사건이 발생했는데, 관아로
출도하기 직전 점심을 먹고 죽는 바람에 독살 의혹이 돌았다. 그렇다
면 박문수는 어땠을까?

이유원(李裕元)의 문집인 《임하필기林下筆記》(1871)에서는 박문수를
두고, 종적을 잘 감춘 사람이라고 평가한다. 신분을 숨기는 데 뛰어
났던 박문수는 가난한 선비로 변장을 하고 마을 곳곳을 염탐하며 다
녔다. 박문수는 수령들의 수탈과 불법적인 행동들을 낱낱이 고발하
고, 가차 없이 처벌했다. 박문수가 조정에 돌아와 영조에게 고한 내
용이 실록에 전한다.

자인현감(慈仁縣監) 남국한(南國翰)은 지식이 밝지 못하고 또 술을 좋아하는
지라 아전은 좋아하고 백성들은 원망하며, 대구 판관(大丘判官) 윤숙(尹潚)은
사람과 관직이 걸맞지 않고 전혀 일을 모르며, 울산 부사(蔚山府使) 이만유(李
萬維)는 어리석고 미련해서 일을 살피지 못하니 아전들이 그것을 빌미로 간

사함을 부리고 있습니다. 청컨대, 아울러 파직하소서. — 영조 4년(1728) 3월 11일

평소 박문수는 탐관징계법을 엄격하게 집행해야 한다고 생각했다. 흉년이 들었는데도 수령들이 기민(饑民) 구제 사업에 소홀한 것을 보고 가차 없이 징벌을 요청한 것이다. 그런 모습 때문에 박문수는 백성들의 인기를 한몸에 받았고 살아생전 어사로서 전설이 되었다.

## 영조가 총애한 신하

하지만 박문수가 인기 있었던 이유는 수령들의 부정부패를 엄하게 다스렸기 때문만은 아니다. 그가 암행어사로 활약했던 시기는 홍수와 가뭄이 번갈아 발생해 극심한 흉년으로 백성들이 괴로워하던 때였다. 더 이상 백성들의 고통을 두고 볼 수 없었던 박문수는 자신이 가지고 있던 곡식을 굶주린 백성들을 위해 내놓았다. 백성을 위한 선정이 무엇인가를 몸소 보여준 셈이다. 심지어 분징지청(分徵之請), 즉 조정 대신들이 가지고 있는 곡식을 백성들에게 나누어줄 것을 청하기도 했다. 당시로서는 상당히 파격적인 처사였다.

이러한 박문수의 행동을 지배계층이 쉽게 용납할 리 없었다. 급기야 박문수에 대한 노골적인 비난들이 쏟아졌다. 조정에 반대 상소가 빗발쳤고, 노론 대신들은 박문수의 주장이 조정을 기만하는 것이라며 비난하고 나섰다. 더구나 노론이 권력을 쥐고 있던 시기에 박문수

흉년 대처법이 담긴 《구황촬요》.

는 소론이었다. 정쟁(廷爭)이 벌어졌다. '국체(國體)에 손상됨이 많다', '그 명령을 중지해야 한다'며 박문수에 대한 공격이 계속되었다. 백성들의 고통은 더해갔지만 지배층의 누구 하나 쉽게 곡식을 내놓지 않으려고 기를 썼던 것이다.

이세영 한신대 국사학과 교수는 "진휼곡을 내놓을 수 있는 사람들은 지방에 있는 지주들이기 때문에 대개 진휼을 할 때 지주들에게 출혈을 하도록 반강제적으로 요구를 하게 되는데, 좀처럼 지주들이 곡식을 내놓지 않았다"고 설명한다.

굶주리는 백성들이 늘어가자, 조정에서는 흉년이 들었을 때 대처하는 방법인 《구황촬요救荒撮要》까지 펴냈다. 이 책에는 굶어죽는 사람을 구하는 법, '굶은 사람이 갑자기 밥을 먹으면 사망할 수 있으니 간장을 찬물에 풀어서 먹인 후 식은 죽을 주라'는, 오랫동안 굶은 상태에서 음식을 먹는 법 등의 내용들이 담겨 있었다. 하지만 책이 굶주린 백성들을 살릴 수는 없었다.

박문수는 삼남지방에서 목격한 백성들의 현실을 임금에게 낱낱이 고했다. 당시의 상황은 믿을 수 없을 정도로 끔찍했다.

전라도 강진현에서 굶주린 백성이 사람의 시체를 구워서 먹은 변고가 있었다. ─ 영조 8년 (1732) 12월 10일

영조는 곧장 대신들을 불러 모았다. 이 자리에서 박문수는 대신들

의 녹봉을 감해 백성들을 구하자고 주장한다.

> 대신부터 차례대로 녹봉을 감한다면 팔도의 인심이 모두 다 감격할 것입니다. 그러나 신하들은 모두 자기의 이익만을 앞세워 녹봉은 여전하고 한결같이 태평하게 생각하고 있으니 백성의 원망함이 어찌 없겠습니까.

— 〈박문수 연보〉

박문수의 비난을 참을 수 없었던 대신들은 '광란(狂亂)한 잠꼬대' 라며 박문수를 정신 나간 사람으로 몰아세웠다. 그러나 영조는 대신들의 말을 귀담아 듣지 않고 오히려 박문수의 청에 따라 문무백관의 녹봉을 감하게 했다. 대신들의 반발이 더욱 거세질 것은 불을 보듯 뻔했다. 영조가 박문수를 신임한 다른 이유가 있었던 것일까?

영조 4년(1728), 이인좌(李麟佐)를 중심으로 한 소론들이 반란을 일으킨다. 반란군은 청주성을 함락하고 안음, 거창, 합천, 함양 등 경상도 주요 지역을 점령했다. 영조는 병조판서 오명항(吳命恒)에게 반란군 진압을 명령했다. 이때 오명항과 함께 난을 진압하는 데 앞장섰던 이가 바로 박문수였다. 박문수는 오명항의 종사관으로 출전했다. 반란은 불과 보름여 만에 진압됐고, 수백여 명의 가담자가 처형되거나 귀양에 처해졌다.

반란이 평정된 직후, 영조는 박문수에게 민심을 수습하는 일을 맡겼다. 박문수는 백성들이 동요할 것을 염려해 홀로 반란지로 들어갔다. 자신의 목숨보다는 위기에 처한 나라를 구하는 것이 먼저였다. 박문수는 달아난 백성들을 불러 모았다. 그리고 더 이상 죄를 묻지 않겠

박문수 분무공신상(奮武功臣像).

영남관찰사 박문수 북민감은비 탁본.

다며 백성들을 안심시키고, 다시 마을로 돌아와 농사를 짓게 했다. 이 일로 조정에 박문수의 이름이 널리 알려지게 되고 영조의 인정을 받게 된다. 박문수는 반란을 진압한 공으로 분무공신(奮武功臣)에 책봉되고, 같은 해 경상도 관찰사로 임명된다. 왕의 두터운 신임을 받아 이루어진 파격적인 승진 인사였다.

박문수는 무슨 일이 있어도 할 말은 하고, 자신의 주장을 관철시키고야 마는 매우 강직한 성품의 인물이었다. 그런 강직함으로 박문수는 항상 백성의 편에 서서 백성을 구제하는 데 앞장섰다. 그와 관련한 일화가 하나 있다.

관찰사 시절, 박문수는 영일만 앞바다에 가재도구와 관이 떠내려온다는 보고를 받는다. 바다를 덮을 정도로 엄청난 양이었다. 소식을 전해들은 박문수는 함경도 지방에 홍수가 나서 떠내려오는 것이라고 직감했다. 박문수는 곧바로 함경도 지방에 쌀을 보내라고 명령했다.

정만조 국민대 국사학과 교수는 "박문수 옆에 있는 다른 관리들이 조정의 명령도 없이 마음대로 곡식을 다른 데로 보냈다가는 우리가 나중에 문책을 당하지 않느냐 했더니, 박문수는 내가 문책을 당하는 건 작은 문제요, 굶주린 백성을 구하는 건 큰 문제라고 하면서 조정의 명령이 있기 전에 미리 쌀을 실어 보냈다"고 설명한다. 쌀을 실은 배가 도착하자, 함경도 백성들은 크게 놀랐다.

박문수가 곡식을 보내준 덕분에 함경도 백성들은 굶주림을 면할 수 있었다. 그들은 박문수의 공을 기리는 '영남관찰사(嶺南觀察使) 박문수 북민감은비(北民感恩碑)'를 세우고, 그 은혜에 감사하는 마음을 새겨 넣었다. 조정의 눈치를 보며 제 실속만 차리던 관리들 틈에서, 박문수는 소신 있는 선택과 행동으로 백성들을 구해낼 수 있었다.


## "양반도 똑같이 세금을 내라"

암행어사 임무를 마치고 조정으로 돌아온 박문수는 백성을 위한 정책 개발과 개혁을 본격적으로 추진하기 시작한다. 조선시대, 백성들을 가장 괴롭힌 것은 나날이 증가하는 세금이었다. 세금 징수는 점차 육지를 벗어나 섬 지역으로까지 확대되었다. 토지는 한정되어 있는데 여러 가지 세금이 중복 부과되었기에 시간이 흐를수록 농민들이 겪어야 하는 고통이 커졌다.

토지세와 더불어 백성들의 고통을 가중시킨 것은 군역(軍役)이었다. 조선시대 때 16세에서 60세 사이의 양인 남자들은 군역의 의무를 지고, 군포(軍布)를 내야 했다. 군포는 16개월에 2필씩 냈는데, 양반을 제외한 일반 백성들에게만 부과되었다. 차츰 군포를 내지 못해 도망가는 농민들이 늘어갔다. 이세영 한신대 국사학과 교수의 설명에 의하면 2필을 내는 것은 굉장한 부담이었다고 한다. 베는 집안의 부녀자들이 짜야 했는데, 그 많은 양을 짜다 보면 농사를 지을 수도 없었다. 군포의 폐단은 갈수록 심해졌다. 나중에는 당사자를 대신해 친척[족징族徵]이나 이웃[인징隣徵]에게 군포를 거두거나, 군역의 의무가 없는 어린아이[황구첨정黃口簽丁]나 죽은 사람[백골징포白骨徵布]에게도 군포를 받았다. 백성들은 부과되는 군포를 내지 못하면 다른 재산으로라도 그만큼의 몫을 빼앗겼다. 이 때문에 남자로 태어난 것을 원망하며 스스로 성기를 자르는 일까지 벌어졌다.

그러나 아무리 백성들이 억울한 일을 당해도 수령이 처벌을 받는 일은 드물었다. 조선 초기부터 존재했던 '부민고소금지법(部民告訴禁止法)' 때문이었다.

> 관찰사, 수령을 고소하는 자는 모두 받아들이지 아니하고 장(杖) 일백, 도(徒) 삼년에 처한다. —《경국대전》

수령을 고소한 백성은 곤장 100대와 징역 3년에 처해졌다. 어떤 횡포를 부려도 고을의 백성들에게 고소를 당하지 않았던 수령은 막강한 권한을 가질 수밖에 없었다. 결국 백성들은 억울한 일을 당해도 호소할 곳이 없었고, 수령들은 여러 가지 비리, 담합 등을 더욱 더 자행하게 되었다.

박문수는 세금에 짓눌리고, 폭정에 시달리는 조선 백성들의 절망적인 상황을 누구보다 잘 알고 있었다. 그리고 백성을 살리기 위해서는 먼저 군역의 문제를 해결해야 한다고 주장했다. 박문수의 주장에 따라 조정에서도 몇 년간이나 군역에 대한 논의가 계속되었다. 마침내

베를 짜는 모습.

26년(1750), 영조는 2필의 군포를 1필로 감하는 균역법(均役法)을 단행한다. 그러나 당시 호조판서였던 박문수는 이에 만족하지 않고 다시 상소를 올린다.

> 신이 양역의 혁파를 제안한 것은 전부를 줄이자고 한 것이지, 한 필만 감하자는 것이 아니었으며, 크게 변통하자는 것이었지 조금만 바꾸고자 한 것이 아닙니다. — 영조 26년(1750) 7월 3일

당장은 부담이 적어졌다고 하더라도 부족한 군포는 결국 백성들이 채워야 했다. 이러한 폐단을 막기 위해 박문수는 양반도 세금을 내야 한다고 주장했다. 한국국학진흥원의 이욱 박사는 "박문수는 양반, 평

민 가릴 것 없이 모두가 군역에 대한 부담을 지되, 그 방법으로 각 호마다 돈을 내는 호전법을 시행하자는 입장이었다"고 설명한다. 노론입장에서 보면 이는 양반과 상놈을 가르는 기준을 없애자는 소리이니, 결국 조선이라는 나라를 없애자는 뜻이 된다. 박문수는 군포를 대신해, 세수를 보충할 수 있는 다른 방법들도 제시했다. 그중 하나가 어장이나 염전에 부과되던 어염세(魚鹽稅)였다. 어민들이 왕실이나 권세가에 바치던 어염세를 국가 수입으로 돌리자는 것이었다.

실제로 박문수는 미역이 많이 나는 바위로 유명했던 울산의 미역바위들을 모두 국가로 환수해 세수를 늘렸다. 미역바위에서 나는 소출이 전부 개인 가문에 돌아갔기 때문에 국가 재정에 상당한 어려움이 있었다. 이 폐단을 없애기 위해 박문수가 열두 개의 미역바위를 모두 국가로 환수한 것이다.

양반과 일반 백성이 똑같이 세금을 내고, 개인의 수익을 국가로 돌리자는 박문수의 주장을 노론 대신들은 용납할 수 없었다. 사실 노론이 박문수의 제안에 반발한 데는 정치적인 의도도 깔려 있었다. 정만조 교수의 설명을 들어보자. "박문수가 몸과 마음을 바쳐 나라와 백성을 위해 노력한다는 것은 노론도 모두 인정한 사실이었다. 그러나 한편으로 박문수는 소론의 대표적 인물이었다. 뱀을 잡으려면 뱀의 머리를 잘라야 하는데, 박문수가 바로 소론의 머리에 해당했다. 박문수를 제거하지 않으면 소론을 완전히 제압할 수가 없고, 노론 정권을 유지해나가는 것도 불가능하다고 판단했다."

박문수는 결국 노론들의 모함을 받아 옥에 갇힌다. 탐욕스럽고, 불법을 자행하며, 백성들을 구제한다는 명목으로 받은 돈 수만 냥을

횡령했다는 죄목이었다. 거대한 벽 앞에서 홀로 싸우고 있는 형국이었다.

궁지에 몰린 박문수를 구한 것은 임금인 영조였다. 영조는 박문수를 가둔 지 한 달여 만에 그의 혐의를 풀어주고, 상소를 올린 홍계희(洪啓禧)를 파직시켰다. 이처럼 박문수가 정치적인 위기를 겪을 때마다 영조는 항상 박문수의 편에 섰다. 노론 집권대신들에게 박문수는 그야말로 눈엣가시 같은 존재였다. 정치적으로도 소론 소수파의 한계를 안고 있었던 박문수는 노론들의 끊임없는 모함과 공격에 시달리면서도 결코 자신의 소신을 굽히지 않았다.

박문수의 최대 관심사는 언제나 백성들의 안정된 삶이었다. 백성들의 굶주림을 해결하기 위해 박문수는 소금을 만들자는 제안도 한다. 소금 생산으로 백성들을 먹여 살릴 수 있다고 생각한 것이다. 하지만 소금을 만드는 것이 쉬운 일은 아니었다. 바닷물을 바람과 햇빛에 증발시켜 쉽게 소금을 생산하는 지금과 달리, 조선시대에는 가마솥에서 10시간 가까이 바닷물을 끓여야 소금을 얻을 수 있었다. 함부로 소나무를 벨 수도 없어서 땔감 구하는 것조차 쉽지 않았다. 어려운 여건에도 불구하고 박문수는 직접 소금을 구웠다. 노론 대신들은 박문수를 두고 소금장사꾼이라고 비난했지만, 박문수는 개의치 않았다. 박문수를 비롯해 네 명이 그 일을 시작했는데 과로로 중간에 두 명이 죽어나갈 정도로 힘든 일이었다. 하지만 박문수는 성공했다. 소금 3만 6천 석 정도를 6개월 만에 생산했는데, 쌀로 환산하면 7만 석이 넘는 엄청난 양이었다.

뿐만 아니라 박문수는 궁핍한 백성을 살리기 위해서라면 영조를

박문수가 편찬한 《탁지정례》.
국가 재정의 용도와 규제 사항 등을
명확히 제시한 책이다.

질책하는 말도 서슴지 않았다.

> 백성은 궁핍하고 재물은 고갈되어 하나도 믿을 만한 것이 없으니, 300년 종
> 사(宗社)가 어찌 전하 때에 망하려는 조짐이 아니겠습니까? 국사를 물리치
> 고 마음을 붙이려 하지 않으시니 장차 국가를 어떤 지경에 두려고 그러시
> 는 것입니까? — 영조 9년(1733) 12월 19일

　신하들은 박문수의 거친 말과 행동을 비난했지만, 영조는 "박문수
의 기습(氣習)을 사람들이 거칠다고 하지만 나는 당직(戇直)하다고 생
각한다"며 그의 진심을 알아주었다. 그는 영조가 가장 믿고 의지하는
신하였다. 그만큼 박문수는 국사의 중요한 일을 도맡아 했다. 조정의
예산을 절약하기 위한 방책을 정리한 《탁지정례度支定例》를 편찬한 것
도 박문수였다. 《탁지정례》가 완성된 후, 영조는 또 한 번 박문수에
대한 애정을 드러냈다. '쓸데없는 비용을 삭감했다〔費冗減剋〕'며 재정
의 낭비를 줄인 박문수의 공을 크게 칭찬해 손수 글을 써서 내린 것
이다.

# 끝까지 백성들 편에 섰던 남자

하지만 승승장구하던 박문수에게 예기치 못한 비극이 찾아든다. 영조 31년(1755) 나라를 비방하는 글이 나주 객사에 붙었다. 역모였다. 이른바 을해옥사(乙亥獄事)라고도 불리는 '나주괘서사건(羅州掛書事件)' 이었다. 이 사건을 주도한 것은 윤지(尹志) 등 소론이었다. 역모의 실패로 소론들은 대거 숙청당한다. 이때 박문수의 이름이 국문 초사에 등장함으로써 그도 역적으로 거론되었다. 노론들은 이 기회에 박문수를 제거하고자 했다. 이번에는 영조마저 박문수를 믿지 않았다. 박문수는 스스로 죄인임을 자처하며 세상과의 문을 닫아 걸었다. 그리고 역모사건이 있은 지 1년 만에 생을 마감했다.

영조는 박문수의 죽음을 누구보다도 안타까워했다.

> 나의 마음을 아는 사람은 박문수이며 박문수의 마음을 아는 사람은 나였다. — 영조 32년(1756) 4월 24일

박문수의 묘.

박문수의
영의정 추증교지.

영조와 박문수는 왕과 신하의 관계를 떠나 서로의 마음을 가장 잘
아는 사이였다. 훗날 《영조실록》을 편찬한 노론조차도 박문수의 자
질만큼은 인정하지 않을 수 없었다.

> 나랏일에 대해서는 마음을 다하여 해이하지 아니하여 병조·호조 양부(兩
> 府)에서 정리하고 개혁한 것이 많았다. ─ 영조 32년(1756) 4월 24일

살아생전 벼슬에 욕심이 없었던 박문수는 세상을 떠난 바로 그날
로 영의정에 추증되었다.

이욱 박사는 박문수를 "아무리 조선사회가 양반사회라 하더라도
양반들도 자기의 기득권을 어느 정도 포기할 줄 알아야 한다는 입장
을 가진 사람이었다. 그래서 일반 양반들에게는 달가운 인물이 아니
었다"고 평가한다. 또한 정만조 교수는 박문수에 대해 "그가 평생 자
신의 임무로 삼은 것은 두 가지였다. 하나는 국가를 바르게 경영하는
것이고, 다른 하나는 민생 문제를 꼭 해결하겠다는 것"이었다고 설명

한다.

　백성들이 원하고 기다렸던, 백성들의 이상을 실현시켜준 암행어사 박문수. 원칙과 소신, 강한 개혁 의지로 백성들을 구하고자 했던 박문수는 진정한 관리의 모습을 평생 몸소 실천해 보였다. 박문수, 그가 전설의 암행어사로 기억되는 이유가 바로 여기에 있다.

한국사傳5

4

우리 문화유산의 상징이라 할 수 있는

600년 역사의 국보 1호 숭례문이

한순간의 방화로 순식간에 불타버렸다.

역사와 전통을 지키는 데

얼마나 무심했는가를 보여주는

우리의 부끄러운 자화상이다.

바로 이런 우리의 모습을 되돌아보게 하는 인물이 있었으니,

간송 전형필이다.

국보를 되찾은
문화유산지킴이
— 간송 전형필

일 제강점기, 이 땅의 문화유산은 무참히 유린되었다.
사라져가는 우리 문화유산을 지키기 위해
일생을 바친 전형필이 있었다.
14점의 국보와 12점의 보물을 포함,
5천여 점에 달하는 문화유산을
한사람이 수집했다는 사실이 놀라울 뿐이다.
그가 있었기에 우리는 자칫 잃어버릴 뻔했던
우리의 삶과 정신, 예술과 역사를 지켜낼 수 있었다.

## 조선 청년, 국보급 문화재를 되찾다

서울시 성북구 간송미술관에서는 1년에 두 번, 간송미술관이 소장하고 있는 작품들을 주제에 따라 전시하는 특별전시회가 개최된다. 2008년 가을에 열린 전시회에서는 방송 드라마와 영화를 통해 관심이 높아진 신윤복의 그림들로 주목을 받았다. 이렇듯 매번 간송미술관의 특별전시회는 학계는 물론이고 일반인들까지 관심을 갖는다. 오히려 자주 개최되지 않는 것에 불만이 쏟아질 정도다. 오원 장승업

전형필(오른쪽)과 간송미술관 전경.

간송미술관이 소장한
이징의 〈고사한거〉(위)와
김홍도의 〈염불서승도〉.

(吾園 張承業), 겸재 정선(謙齋 鄭敾), 단원 김홍도(檀園 金弘道), 추사 김정
희, 허주 이징(虛舟 李澄) 등 조선시대를 대표하는 화가들의 작품 다수
가 간송미술관에 소장되어 있기 때문이다. 서화뿐만 아니라 청자와
백자, 불상 등 총 5천여 점에 달하는 우리 문화유산이 이곳에 전시돼
있다. 그중에는 국보 14점과 보물 12점도 포함되어 있다.

이제껏 공식전시회 외에는 한 번도 공개된 적이 없는 간송미술관의
국보들 중에서도 가장 귀한 것으로 평가받고 있는《훈민정음》원본도
〈한국사전〉을 통해 방송에 공개되었다. 국보 70호로 지정된《훈민정

음》원본은 현재 유일하게 단 한 권 남아 있다. 이 원본을 국보 1호로 지정해야 한다는 논의가 일었을 만큼, 대단히 귀중한 유산이다. 이것이 발견되기 전까지 한글의 제자(制字) 원리는 베일에 싸여 있었다. 그러나《훈민정음》원본을 통해 자음은 발음기관의 모양, 모음은 천지인(天地人)의 철학을 담아낸 글자임이 밝혀졌다. 비로소 한글창제의 비밀이 풀린 것이다.

전형필(全鎣弼 · 1906~1962)이 《훈민정음》을 수집한 때는 일본이 조선어 사용을 금지(1941)시키고, 조선어학회 탄압사건(1942)을 일으키는 등 극단적인 민족말살정책을 펴던 엄혹한 시기였다. 1943년 6월, 전형필은 《훈민정음》이 발견됐다는 소식을 듣는다. 일

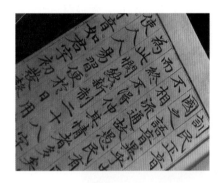

한글의 제자 원리를 밝히고 있는 《훈민정음》 원본.

본 당국이 이 사실을 알면 《훈민정음》은 다시 우리 민족의 품으로 돌아오지 못할 수도 있는 상황이었다. 전형필은 당시 집 열 채 값에 해당하는 1만 원을 지불하고 발 빠르게 《훈민정음》을 입수해 비밀리에 보관했고, 해방 후 세상에 공개했다. 현재 《훈민정음》 원본은 1997년 유네스코(UNESCO) 세계기록문화유산으로 등록돼, 세계에서 유일하게 제자 원리가 밝혀진 글자로 인정받고 있다.

고려청자의 우수성을 이야기할 때마다 청자의 대명사처럼 꼽는 국보 68호 상감청자 운학문매병

국보 68호 상감청자 운학문매병. 고려자기의 녹장 기술인 상감기법의 절정을 보여준다.

역시 전형필이 있었기에 감상할 수 있게 된 것이다. 풍만하면서도 유연한 곡선의 흐름이 완벽한 균형미를 자랑하는 상감청자 운학문매병은 고려청자의 백미로 손꼽힌다. 수천 마리의 학이 구름 사이로 날고 있는 듯한 아름다운 문양은 고려의 독창적 기술인 상감기법의 절정을 보여준다. 단연 현존하는 고려청자 중 최고의 걸작이다.

도쿄 국립박물관에는 상감청자 운학문매병의 진가를 확인시켜주는 자료로, 1970년 도쿄에서 열렸던 동양도자전의 도록이 남아 있다. 도록에는 당시 도자전에 나왔던 한국과 중국, 일본의 도자기 340점이 실려 있는데, 그중 대표작 9점을 선별해 원색 사진으로 실어놓았다. 그 하나가 바로 상감청자 운학문매병이다. 전 〈아사히신문〉 문화부 기자이자 도자 전문가인 나카야마 씨는 이 청자를 보고 한 시간이든 두 시간이든 계속 보고 싶다는 생각이 들었다고 한다. 상감청자 운학문매병은 일

동양도자전 도록과 상감청자 운학문매병이 컬러로 인쇄된 페이지.

본에서는 물론 동아시아에서 가장 훌륭한 청자로 평가받는다.

군수 월급이 70원이던 시절, 전형필은 일본인들의 손에 들어가기 전에 2만 원이라는 파격적인 가격을 치르고 이 청자를 구입했다. 이 청자를 산 값의 두 배를 줄 테니 팔라고 제안한 일본인도 있었지만, 전형필은 "더 좋은 청자를 가져온다면 이 매병을 원금에 주겠다"며 단호히 거절했다. 이 일을 계기로 사람들은 전형필이 이익을 좇는 단

혜원 신윤복의 그림들. 〈기방무사〉, 〈월하정인〉, 〈유곽쟁웅〉, 〈연소답청〉.

순한 수집가가 아니라는 것을 알게 된다.

전형필이 일본인에게서 되찾아온 또 하나의 국보가 바로 신윤복의 풍속화첩인 국보 135호 《혜원전신첩》이다. 그는 풍속화라는 이유로 낮게 평가되던 이 화첩의 진가를 알아보았다. 〈기방무사〉, 〈월하정인〉, 〈유곽쟁웅〉 등 총 30여 점의 그림이 수록된 《혜원전신첩》은 조선 후기 서울 뒷골목의 삶을 생생하게 묘사하고 있다. 혜원은 당시 금기시되던 남녀 간의 애정을 그리고, 자신의 이름까지 당당하게 밝힘으로써 조선 후기 미술의 영역을 한 단계 넓혔다. 또 조선시대 전

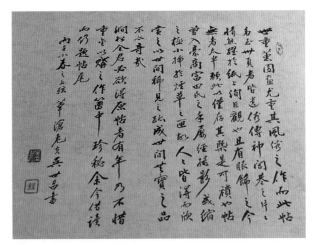

오세창의 발문.

계층의 다양한 복식을 살펴볼 수 있다는 점도 《혜원전신첩》의 중요한 특징이다.

그러나 일제시대 때 이 그림들은 일본인의 손에 있었고, 전형필은 이를 되찾기 위해 수년을 애태워야만 했다. 위창 오세창(葦滄 吳世昌 · 1864~1953)의 글에서 전형필의 오랜 노력을 읽을 수 있다.

간송 전군이 일본인 부전 씨의 손에 들어간 이 풍속화첩을 찾고자 벼른 것이 몇 년이더니 많은 돈을 아끼지 않고 그것을 사들여 진귀한 비장품으로 삼았다.

강관식 한성대 회화과 교수는 "간송은 우리 문화를 지킨다는 생각에서 우리 미술의 우수성과 독자성이 잘 드러난 작품을 중심으로 수장을 했다. 겸재의 진경산수화, 단원과 혜원의 풍속화, 추사 김정희의 추사체, 난초 그림 등 걸작 중심으로 모았다. 따라서 간송의 컬렉선을 통하지 않으면 조선 후기의 의미 있고 깊이 있는 회화사 연구나 서술이 불가능한 실정이다"라고 간송의 컬렉션을 평가했다.

전형필이 지켜낸 것은 그저 보기 좋은 예술품이 아니었다. 예술적인 가치를 넘어선 우리의 민족 예술, 그 안에 담긴 우리의 민족혼을 지켜낸 것이다. 그렇다면 전형필은 어떻게 이 많은 유산들을 지켜낼 수 있었던 것일까?

## 스승 오세창을 만나다

전형필은 서울 종로의 대재력가 집안에서 태어났다. 당시 그의 집은 지금의 종로 4가 일대를 차지하는 99간의 대가(大家)였다. 손 귀한 부잣집에서 태어난 전형필은 작은아버지에게 입양되어 집안 어른들의

현재 종로 4가의 모습. 사진에 표시된 부분이 전형필 생가 터이다.

위에서부터
전형필의 돌 사진,
보통학교 졸업사진,
휘문고보 입학사진,
휘문고보
야구부 시절의 사진.

사랑을 한 몸에 받으며 자라났다. 집에서 한학을 공부하던 전형필은 열두 살 되던 해, 어의동 보통학교 (지금의 효제초등학교)에 입학했다. 그때부터 한학과 더불어 신학문을 공부하면서 세상에 대한 견문을 키워나간다. 1921년 휘문고보에 진학한 전형필은 학업뿐 아니라 다양한 활동을 경험한다. 예체능에도 뛰어났던 그는 휘문고보 4학년 때 야구부 주장을 맡아, 일본 원정경기에서 오사카 중학교를 대파하기도 했다.

이 시절 전형필의 가장 큰 즐거움은 도서 수집이었다. 그의 수필《수서만록》에는 도서 수집의 열정이 잘 드러나 있다.

> 도서 수집의 큰 힘이 된 것은 오로지 가족의 이해 덕분이다. 돌아가신 아버님, 어머님은 내가 책을 끼고 들어오는 것을 좋아하셨을 뿐 싫은 낯을 하신 적이 없으셨다.
>
> —《수서만록》

그러나 화목했던 어린 시절은 오래가지 않았다. 1915년, 전형필이 열 살 되던 해부터 집안 어른들의 갑작스러운 죽음이 이어졌다. 조부모에 이어 양부와 친형까지 죽으면서 집안에 남자라고는 전형필과 그의 생부만 남았다. 가족들의 잇단 죽음과, 엄청난 재산상속이라는 감당하기 힘든 충격을 뒤로한 채 전형필은 일본 와세다 대학 유학길에 오른다. 슬픔으로 한층 성장하게 된 전형필은 1926년부터 1930년까지의 유학시절 동안

와세다 대학 유학시절의 전형필.

식민지 조선의 현실에 대해 깊이 고민하게 된다.

전형필은 대학 시절에도 도서 수집에 열중해 '마루젠'이라는 서점을 즐겨 찾았다. 《수서만록》에 나오는 일화가 하나 있다. 전형필이 서점 마루젠에서 책을 보고 있던 어느 날, 일본인 친구가 전형필을 툭 치며 "자네 그 목록을 가득 채울 자신 있나?" 하며 비웃었다. 순간 전형필은 미묘한 감정을 느꼈다. 목록을 다 채워봐야 조선인 주제에 별 수 있겠느냐는 뜻으로 들은 것이다. "오랫동안 노력해서 책을 모으면 이런 목록을 몇 권이라도 채울 수 있지 않겠는가?"라고 대답했지만 여전히 일본인 친구는 비웃었다. 이 일을 계기로 전형필은 조선의 훌륭한 문화를 입증할 도서문고를 만들겠다는 결심을 하게 된다.

이 무렵 전형필은 자신의 삶에 결정적인 영향을 준 오세창을 만난다. 독립투사였던 그는 서예가이자 최고의 서화 감식안을 가진 인물이었다. 당시 오세창은 우리 역사의 서화가 천여 명을 정리한 《근역

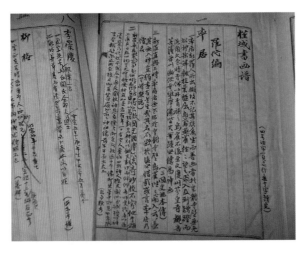

오세창이 쓴
《근역서화징》 초고.

서화징槿域書畫徵》이라는 위대한 서화 총서를 집필하고 있었다. 청년 전형필을 오세창에게 소개한 사람은 고등학교 은사였던 춘곡 고희동 (春谷 高羲東)이었다. 한국 최초의 서양화가인 고희동은 고교시절부터 전형필의 예술 감각을 눈여겨보았다.

전형필이 오세창을 만났을 때 그의 나이는 스무 살이었다. 오세창과는 무려 40년의 나이 차이가 났지만 둘은 세월을 뛰어넘은 우정을 나누었다. 두 사람의 만남을 지켜보며 자란 오세창의 막내아들 오일룡 씨는 당시 두 사람의 모습을 생생하게 기억하고 있다. "하루는 밤중에 자다가 눈을 떠보니, 하얀 두루마기를 입은 청년과 아버지가 이야기를 나누고 계셨다. 자는 척하고 그 이야기를 들어보니, 우리나라 고서화에 관한 것이었다."

이후 전형필은 오세창의 집을 드나들며 많은 작품들을 감상하고 공부하며, 우리 문화유산에 대한 안목을 키워나갔다. 오세창은 전형필이 작품을 가져올 때마다 그 가치를 꼼꼼히 평가하고 정리한 글을

남겼다. 오일룡 씨가 전하는
일화를 들어보자. "아버지가
간송의 수집품에 대한 글을
쓰시면서, '기가 막힌 보물'
이라며 내게 〈소상팔경도瀟湘
八景圖〉를 보여주셨다."

오세창(왼쪽)과 전형필이 함께 한 사진.

　전형필은 오세창과의 만남
을 통해 비로소 식민지 조선
을 위해 자신이 해야 할 일이 무엇인지 깨닫는다. 훗날 사람들은 두
사람의 만남을 암울했던 시기, 하늘이 우리 민족에게 내린 복이라고
했다.

　하지만 전형필이 우리의 문화유산의 소중함을 자각하던 그 시기,
식민지 조선의 현실은 더없이 절망적이었다. 일제의 가혹한 민족말살
정책으로 인해 조선의 역사, 문화, 제도 등 모든 것이 사라져가고 있
었다. 전형필이 목격한 우리 문화유산의 처지 또한 암담하기만 했다.


## 일제에 의해 철저히 유린된 문화유산들

국립중앙박물관에 전시된 국보 86호 경천사지 십층석탑은 높이 13미
터의 웅장한 규모와 섬세한 부조로 고려석탑의 진수를 보여준다. 그런
데 경천사에 있어야 할 탑이 왜 이곳에 있는 것일까? 경천사지 십층석

경천사지 십층석탑을 일본으로
강탈해간 다나카 미쓰아키.

탑은 원래 개풍군 부소산의 경천사 터에 있었
다. 그런데 1907년 4월 15일자 〈아사히신문〉
오사카판을 보면 "십층석탑이 이미 도쿄에 와
있다. 머지않아 우에노 공원 박물관 안에 영
원히 보존된다"라는 기사가 실려 있다.

석탑을 일본으로 가져간 사람은 다나카 미
쓰아키(田中光顯)로 1906년에 한국을 방문했
던 일본 궁내대신이었다. 그가 주민들의 항
의를 제압하며 석탑을 해체해 빼돌린 것이
다. 당시의 기록에서 좀 더 자세한 상황을 알
수 있다.

> 무기를 가진 일본인 130∼200명이 지역 관리와 주민들의 항의에도 불구하
> 고 탑을 해체하여 운반했다. 총을 쏘고 칼을 휘두르는 바람에 도저히 막을
> 수가 없었다. ─ 〈대한매일신보〉 1907년 3월 7일자 사설

이후 국내외의 비난 여론이 계속되자 일본은 결국 탑을 돌려보낸
다. 그러나 10년 만에 돌아온 경천사탑은 심하게 파손된 상태였다.
더욱이 이것은 빙산의 일각일 뿐, 일본의 문화유산 약탈은 우리의 상
상을 초월하는 규모였다.

도쿄 오쿠라 슈코칸(大倉 集古館)은 일제강점기에 빼앗긴 우리 문화
유산들이 가장 많이 있는 곳으로 유명하다. 현재 이곳 정원에는 아름
다운 탑 두 개가 방문객들을 맞고 있다. 모두 일제강점기에 조선에서

일본에서 확인되는
우리 문화재들.

가져간 탑들이다. 그중 하나가 평양 율리사지 팔각오층석탑이다. 고려시대 석조미술을 대표하는 우리 문화유산이 일본 정원의 장식품으로 전락해버린 것이다. 그나마 이 탑은 상황이 나을지도 모른다. 출처조차 파악되지 않은 수많은 우리나라 유물들이 지금도 일본 거리 곳곳에 서 있다. 비록 해외로 반출되었다고 해도 어디에 있는지 확인되기만 하면 학자들이 가서 보고 연구할 수 있다. 하지만 대부분의 해외 반출문화재들이 현재 그 위치조차 파악되지 않는 게 현실이다.

오사카의 시립동양도자박물관은 조선에서 수집한 도자기들을 전시하기 위해 지은 도자기 전문 박물관이다. 이곳에 전시된 고려청자들은 걸작 중의 걸작들만 모아놓았다고 할 만큼, 하나같이 진귀한 작품들이다. 어떻게 고려청자들이 일본의 박물관에 존재하는 것일까? 1909년 도쿄에서 열렸던 고려청자 경매전의 도록 《고려소》를 보면 그 시절에 이미 대규모의 경매가 열릴 정도로, 엄청난 양의 자기들이 일본으로 반출됐음을 알 수 있다. 그런데 더욱 충격적인 것은 이 자

오사카 시립동양도자박물관에 소장된 고려청자들.

기들이 모두 조선의 무덤에서 나왔다는 사실이다.

> 출품된 고려자기는 조선에서는 단 하나도 지상에서 볼 수가 없으니 모두
> 고분에서 출토된 것이다. —《고려소》

조선백자 탄생 후 500년 동안 고려청자는 무덤 속에서만 존재했다.
일본인들이 도굴을 하기 전까지 조선인들에게 고려청자는 낯선 존재
였다. 1945년에 발행된 《조선의 회고朝鮮の回顧》에는 이왕가박물관에
서 고려청자를 보게 된 고종이 이토 히로부미에게 청자의 출처를 묻는

장면이 나온다. 이토 히로부미가 고려시대의 것이라고 답하자, 고종이 "이런 물건은 우리나라에 없소"라고 말했다고 한다. 이때 이토 히로부미는 차마 도굴을 했다고 밝힐 수가 없어 머뭇거렸다는 것이다.

초대 조선통감이자, 우리 문화유산 약탈의 선봉장이었던 이토 히로부미는 고려청자에 매료되어 대량으로 도굴품을 사들였고, 일본 왕족과 정치인들에게 수십 점씩 선물했다. 그때부터 고려청자의 인기가 날로 높아져, 일본 골동상들은 닥치는 대로 고분을 파헤쳤다. 개성과 강화의 고려고분이 파헤쳐졌고, 평양, 부여, 경주 등 각지의 고분들이 광풍을 만난 듯 휩쓸려나갔다. 부장품에 눈먼 일본인들에게 조선의 고분은 황금알을 낳는 보물창고였다. 고적조사위원이자 경성제국대학의 교수였던 이마니시 류(今西龍)는 《고적조사보고서》(1917)에서 당시의 참상에 대해 말하고 있다.

> 군집해 있는 고분이 도굴로 인해 파잔, 황폐하는 참상은 차마 볼 수가 없을 정도이고 실로 잔인흑심의 극치이다. 이는 현대인의 죄악이며 땅에 떨어진 도의를 보려거든 고분 군집지를 가보라. ─《고적조사보고서》(1917)

일제강점기에 고려자기의 처지가 얼마나 비참했는가를 그대로 보여주는 유물이 있다. 보물 237호인 순화4년명 청자항아리다. 10세기 후반에 제작된 이 항아리는 고려 태조의 사당에서 사용하던 제향용기로 용도와 제작년도, 제작자 등의 기록이 명확히 남아 있어 사료적 가치가 매우 크다. 그런데 경성미술구락부 경매도록에 실린 한 장의 사진은 우리에게 충격을 준다. 고려 왕실의 제기가 꽃병으로 팔리고

고려 태조 제항용기가 꽃병으로 전락해 소개된 경성미술구락부 경매도록의 사진.

있었던 것이다.

이처럼 우리 문화유산이 철저히 파괴되고, 우리의 민족혼이 나락으로 떨어지던 일제 치하의 절박한 현실 앞에서 전형필은 일생을 건 싸움을 시작한다.

## 문화재 수집에 전 재산을 바치다

서울시 인사동의 통문관(通文館)은 오랜 역사를 가진 고서 전문점이다. 1932년, 25세의 전형필은 지금의 통문관 자리에 있던 한남서림(翰南書林)을 인수했다. 이후 전형필은 일제에 빼앗기고 불태워지던 우리의 고서들을 본격적으로 수집한다. 우리 문고를 만들겠다는 대

학시절의 다짐을 실천에 옮기기 시작
한 것이다.

　전형필의 남다른 뜻이 알려지면서
훌륭한 고서들이 한남서림으로 모여들
었다. 이렇게 수집된 책들은 보물 283
호 《금보琴譜》, 국보 71호 《동국정운東
國正韻》, 국보 149호 《동래선생교정 북
사상절東萊先生校正北史詳節》 등으로 오
늘날 국학 연구에 없어서는 안 되는 귀
중한 자료가 되고 있다.

수집한 유물들을 들여다보고 있는 간송.

　전형필은 결코 이윤추구를 목적으로 문화재를 수집하지 않았다.
그의 문화유산 수집은 우리 민족의 정체성을 지키기 위한 독립투쟁
이었다. 간송미술관 최완수 학예실장은 전형필의 태도에 대해 다음
과 같이 설명한다. "(간송은) 단지 골동 가치만 보고 문화재를 수집하
지 않았다. 문화재를 통해 미술사 연구를 하고, 미술사 연구를 통해
서 우리 전통 문화의 우수성을 후손들에게 밝히고 알게 하려는 목적
이 있었다. 미술사 연구를 위해서는 문화재뿐 아니라 관련 서적들이
많이 있어야 한다. 간송은 그런 목적으로 책을 모았다."

　전형필의 문화유산 수집에서 가장 큰 사건은 존 개스비(John
Gadsby)의 소장품을 인수한 일이었다. 영국인 국제변호사로 30년 동
안 일본에 머물렀던 존 개스비는 고려청자에 매료돼 최고의 작품들
만 모았다. 전형필은 조만간 개스비가 소장품을 처리할 것이라고 보
고, 개스비를 주시하고 있었다. 드디어 1937년 2월, 전형필은 일본의

존 개스비로부터 인수한 국보 270호 청자원형연적. 원숭이 모자의 평화로운 모습을 비색의 신비로움과 잘 조화시킨 빼어난 걸작이다.

정세가 불안해지자 개스비가 소장품을 전부 처분하고 영국으로 돌아간다는 소식을 듣게 된다. 개스비의 최고급 작품들을 한꺼번에 구입하려면 엄청난 거금이 필요했다. 그러나 망설이면 개스비의 소장품들이 일본인의 손에 넘어가는 것은 불을 보듯 뻔했다. 사기그릇을 사기 위해 조상 대대로 내려온 전답을 팔려고 하느냐는 어머니의 만류에도 불구하고 결국 전형필은 5천 석의 땅을 팔아 돈을 마련했다. 간송이 1957년 《신태양》 9월호에 기고한 〈수집여담〉에서 1937년 2월 26일에 도쿄에서 마주한 전형필과 개스비의 운명적 만남을 읽을 수 있다.

맑은 아침 햇볕이 유리창으로 따뜻이 비치는 응접실에 눈이 부시도록 찬란한 고려자기들이 나란히 진열되어 있었다. 향로, 매병, 향합 등 진열된 자기들을 정신없이 보고 있을 때, 주인 개스비 씨가 나타났다.

개스비: 이 도자기들은 조선의 도자기들입니다. 조선인이 가져가시게 되어 대단히 기쁩니다.

전형필: 선생께서 소중히 모은 수집품들을 정성껏 보존하겠습니다. 고려청자가 보고 싶으시면 언제든지 오십시오.

— 《신태양》 〈수집여담〉, 1957년 9월호

개스비가 소장하고 있던 청자
들은 대부분 일본 관리들에게
구입한 것이었다. 그만큼 값비
싸고 진귀한 작품들이었다. 전
형필이 개스비로부터 인수한 것
은 국보 3점을 포함한 수십 점
의 명품이었는데 매병과 향로,
연적을 비롯해 각종 접시와 유
병, 향합 등 최고급 소장품이라
는 명성에 걸맞게 그 종류 또한
다양했다. 우리 문화유산을 되
찾겠다는 전형필의 확고한 목적

간송미술관이 소장하고 있는 석조3층석탑. 전형필이
오사카 경매전에서 비싼 값에 되찾은 탑이다.

과 의지가 있었기에 가능한 일이었다.

최완수 실장은 "조선 팔도에 돈 많은 사람은 많았지만 간송처럼 목
적이 원대한 사람은 드물었다"고 설명한다. 간송은 후학들 중에 틀림
없이 문화재를 통해서 일제 식민사관에 의해 왜곡되고 비하된 우리
문화 본연의 우수성을 복원하겠다는 의지를 가진 인물이 나올 것이
라는 확신을 가지고 있었기에, 전 재산을 쏟아부어서 문화재를 모으
게 됐다는 것이다.

간송미술관에는 전형필이 일본인들에게 되사온 각종 석물들도 서
있다. 그중 석조3층석탑은 일본 오사카 경매전에서 사온 것이다. 전
형필은 치열한 경매 끝에 매우 비싼 값을 주고 이 탑을 손에 넣었다.

석탑뿐 아니라, 일본인들은 사찰이나 향교의 석물들까지 손을 댔다.

일본의 국제적 거상 야마나카.

《조선석물경매도록》을 보면 조선의 석물 3천여 점이 경매시장에 나왔던 것을 알 수 있다. 전형필이 석조3층석탑을 구입한 것은 야마나카 상회가 개최한 경매에서였다. 야마나카는 일본뿐 아니라 서울, 뉴욕, 파리 등 세계 곳곳에 지점을 두고 활동하던 국제적인 거상이었다. 그가 운영하던 고미술 상회는 야마나카의 손자 대까지 이어져오다, 현재는 예식장으로 쓰이고 있다. 야마나카 상회는 당시 교토를 방문하는 유명 인사들이 꼭 한 번은 들렀다 가는 명소였다. 헬렌 켈러, 에드워드 8세, 록펠러 등 이곳을 다녀간 사람들의 서명이 지금도 남아 있고, 당시의 간판도 보관되어 있다.

걸작 중의 걸작, 국보 294호 청화백자 양각진사철채 난국초충문병.

　그런데 일본의 거상 야마나카와 전형필이 정면으로 맞붙는 사건이 벌어진다. 바로 조선 최고의 백자인 청화백자 양각진사철채 난국초충문병을 둘러싼 싸움이었다.

　1936년 11월 22일, 경성미술구락부 경매장에는 조선과 일본에서 모여든 고미술 수집가들이 조선백자 한 점을 주시하고 있었다. 경매가가 순식간에 5천 원을 넘어서면서, 경쟁자는 전형필과 야마나카, 단 두 사람만 남았다. "1만 4580원!" 더 이상의 외침은 없었다. 마침내 백자의 주인이 결정되는 순간이었다. 경성구락부

지금의 서울 명동
프린스호텔 자리에 있던
경성구락부 모습.
고미술품 경매장이었던
이곳은 사실상 합법적인
문화재 약탈장이었다.

설립 이후 최고 경매가에 낙찰된 것이 바로 청화백자 양각진사철채
난국초충문병(국보 294호)이다. 그 해 경성미술구락부에서 열린 회
당 평균 경매 매출액이 1만 3천원이었던 것을 감안할 때, 경성미술
구락부 경매사상 최고가를 넘기며 간송이 구입한 이 도자기의 가격
이 얼마나 비싼 것이었는지 짐작할 수 있다.

　향기를 뿜어내는 듯한 국화와 난초, 풀벌레를 양각으로 새겨 넣은
청화백자 양각진사철채 난국초충문병의 회화미는 글자 그대로 '자
연'이라 하겠다. 청화, 철화, 진사, 삼색의 화려한 채색이 돋보이는
이 백자는 조선백자의 제작기술이 집대성된 걸작 중의 걸작이다.

　31세의 조선 청년 간송 전형필이 품은, 조선의 예술사를 복원하겠
다던 원대한 꿈이 하나둘 실현되고 있었다.

# 문화사 복원의 꿈을 위해

열정적으로 문화재를 수집하던 전형필은 해방과 더불어 일체의 수집
활동을 중단한다. 나라가 해방된 이상, 누구의 손에 있든 문화유산이
이 땅에 존재하는 것만으로도 충분하다는 생각 때문이었다. 이후 전
형필은 보성학교를 통한 후학 양성과 문화예술인의 후원에 주력한
다. 그리고 단순한 수집가의 역할을 넘어, 자신이 모은 문화유산으로
왜곡되고 단절된 우리 문화의 우수성을 복원할 계획을 세워나간다.

전형필의 장남 전성우 씨는 국전에 내기 위해 대작을 그려야 하는
작가들이 화실이 없어서 주로 자기 집의 큰 방에서 작품을 그렸다고
회상한다.

근대미술자료연구가인 황정수 선생의 사료에서 자신의 작품을 보
여주며 전형필에게 도움을 청하는 한 화가의 간곡한 편지를 찾아볼
수 있다.

전형필의 장남 전성우 씨.

선생님, 미술도록 몇 권 보냅니다. 세 권은 한 장씩 찢
어졌으므로 좀 낮추시고 두 권은 그대로이니 모두 5만
5천환만 부탁드립니다. 처에게 보낼 테니 사정은 묻지
마시고 받아주시면 감사하겠습니다.

전형필은 가난한 문인화가들을 후원함과
동시에, 문화재 보존위원회 위원 활동과 같
이 문화유산의 가치를 찾아내고 학술적 토대

《고고미술》 제호와 본문.

를 쌓는 데 심혈을 기울였다.

그 후 전형필은 한국 미술사학계 1세대인 김원룡(金元龍), 최순우(崔淳雨), 황수영(黃壽永), 진홍섭(秦弘燮) 등과 교류하며 본격적인 미술사 연구를 시작한다. 그 첫 작업으로 1960년에 여러 미술사학자들과 함께 동인지 《고고미술考古美術》을 창간했다. 추사의 글씨에서 뽑은 글자로 제호를 만들고, 원고에 일일이 사진을 붙여 창간호를 완성했다.

이후 《고고미술》은 우리 미술사 연구의 중심적인 역할을 하게 된다.

전형필의 궁극적 꿈은 우리 문화사를 복원하는 것이었다. 그러한 전형필의 정신은 1966년 한국민족미술연구소 설립과 《간송문화澗松文華》

전형필의 그림 〈선학괴석〉.

보화각 완공 사진

의 연 2회 발간으로 이어졌다. 그 활동의 중심에는 간송미술관의 전신인 보화각(葆華閣)이 있었다. 전형필은 언젠가 우리 문화유산을 보존하고 연구, 전시할 수 있는 공간이 필요할 것이라 생각했다. 그래서 1938년 전형필의 나이 33세에 세운 것이 보화각이다. 건물이 완성되자 오세창은 빛나는 보물을 모아둔다는 뜻으로 보화각이라 이름 짓고, 그 기쁨을 글로 남겼다.

> 여기에 모인 것이 천추에 정화로다. 조선의 유물로서 살피고 연구할 수 있게 되었네. 세상 함께 보배하고 자손 길이 보존하세. — 오세창, 〈보화각 정초명〉

전형필과 《고고미술》 동인이었던 진홍섭 전 이화여대 박물관장은 "문화재와 전형필은 한 몸이다. 그렇기 때문에 그가 가진 문화재에는 그의 정신이 깃들어 있다"고 평가한다.

문화유산 수호에 일생을 바쳤던 전형필은 쉰일곱이라는 아까운 나이로 세상을 뜨고 만다. 그의 생은 짧게 마감되었지만, 그가 남겨놓은

보화각 완공 후
오세창을 비롯한
지인들과 찍은 사진.

소장품들과 함께
기념사진을 찍은
전형필.

우리 문화유산의 역사는 지금도 계속되고 있다. 비록 우리가 전형필의 이름을 기억하지 못한다고 해도 우리의 문화유산을 마음껏 즐기고 아름답게 빛내는 것이 그의 진정한 바람일 것이다.

소설 《홍길동전》의 지은이로 잘 알려진 허균.

하지만 그의 최후는 비참했다.

　대역죄인이 되어 능지처참을 당한 것이다.

　"할 말이 있다, 할 말이 있다"며 소리를 지르다 죽었다는 허균.

　결국 역사에 기록되지 못한,

허균의 마지막 말은 무엇이었을까?

혁명을 꿈꿨던
자유주의자
—— 허균

조선사회의 절대 권위에 도전하고
조선을 변혁시키고 싶어한
허균의 꿈은 결국 실패하고 말았다.
하지만 허균의 진보적 사상은
그가 남긴 글들을 통해 지금까지 이어지고 있다.
그런 점에서 그의 죽음은 결코 헛되지 않았다.

# 조선이 증오하는 자, 허균

천지간의 괴물이다. 그 몸뚱이를 찢어 죽여도 시원치 않고, 그 고기를 씹어
먹어도 분이 풀리지 않을 것이다. 그의 일생을 보면 악이란 악은 모두 갖추
어져 있다. ─ 광해군 10년 (1618) 9월 6일


실록에 기록된 한 인물에 대한 평가다. 객관적이어야 할 사관이 이
렇게까지 혹독하고, 입에 담기도 힘든 악평을 내린 인물은 누구일
까? 최초의 한글소설인 《홍길동전》의 지은이 교산 허균(蛟山 許筠 ·

허균의 묘.
능지처참당한
그의 묘는
시신이 없는 가묘다.

1569~1618)이 바로 그 주인공이다. 문학가로서 높은 평가를 받는 허균의 모습이 아닌 사서(史書)가 비난하는 허균의 모습은 낯설기만 하다. 그렇다면 허균은 왜 이러한 평가를 받게 된 것일까?

경기도 용인시 원삼면에는 허균의 가족묘가 있다. 양지바른 한편에 허균의 묘도 자리하고 있지만 시신이 없는 가묘다. 능지처참을 당한 허균의 시신을 수습할 수조차 없었기 때문이다. 허균에 대한 증오는 비단 그에게서 끝나지 않았다. 허균의 아버지 허엽(許曄 · 1517~1580)의 묘비는 두 동강 났던 흔적이 역력하다. 조선시대에는 역적으로 몰리게 되면 그 화가 이미 죽은 가족들에게까지 미쳤다. 그래서 묘에 있는 비석을 파손하거나 파묘를 하고, 심지어 무덤 속에 있는 시신을 꺼내서 목을 치는 부관참시까지 행해지는 일이 많았다.

허균의 처형 이후, 그의 가문은 역적의 집안이라는 세상의 손가락질을 견뎌야 했다. 울산시 북구 동산마을에 사는 허균의 12대 후손이자 양천 허씨 교산공파 허성엽 회장은 30여 년 전, 우연히 가첩을 발견하기 전까지 자신이 허균의 후손인지도 모른 채 살아왔다고 한다.

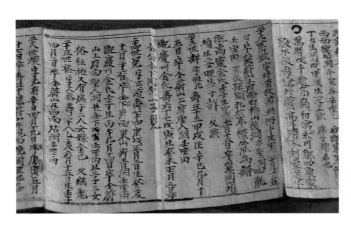

봉례공파에
두탁했음을 보여주는
양천 허씨 가승.

직계 조상을 중심으로 간단한 혈통을 기록한 양천 허씨 가승(家乘)에 따르면, 허균의 아들은 아버지가 처형당한 그 해에 문경새재를 넘어 영천으로 숨어 들었다가 후에 울산에 정착해 간신히 목숨을 보전했다고 한다. 이후 허균의 후손들은 남의 가문인 봉례공 후손으로 이름을 올려 300년이 넘도록 숨어 살았던 것이다.

인명을 중시했던 조선시대에는 형을 내릴때 삼복제(三覆制)를 시행했다. 삼복제는 지금의 삼심제처럼 초심, 재심을 반복하여 심리를 한 뒤 사형을 결정해야 한다는 조선시대 형사 절차상의 제도다. 그리고 사형을 집행하기 위해선 반드시 죄인의 자백을 받아야 했다.

그러나 허균의 사형은 이러한 절차들이 모두 생략됐다. 얼마나 급박하게 사건을 처리했는지 짐작할 수 있는 대목이다. 하지만 허균의 죽음은 그가 죽고 난 뒤에도 3개월이나 관련 사건의 진상조사가 계속될 정도로 엄청난 사건이었다.

그렇다면 허균의 죄목은 무엇일까? 바로 광해군을 시해하려 했다는 대역죄, 즉 역모였다. 사건은 1618년 8월 10일 새벽, 남대문에 흉방이 붙은 데서 시작한다. '백성들을 불쌍히 여기고 죄를 벌하러 하 남대장군이 장차 이를 것이다', 즉 불쌍한 백성을 위해 광해군을 없애야 한다는 내용이었다. 이 사건의 배후로 허균이 지목되었다. 연일 허균을 사형시키라는 대신들의 요구가 빗발쳤다. 역적의 우두머리이자 금수이고 괴물이며, 그의 요망한 짓은 임금을 위태롭게 한다는 것이 대신들의 주장이었다. 결국 정식 재판 절차도 제대로 밟지 못한 채, 허균은 서쪽 저잣거리에서 능지처참을 당한다. 5년 뒤, 인조반정이 일어나 광해군 때 역모 죄로 처형됐던 사람들을 모두 복권시켰으나 허균만은 예외였다.

허균은 조선이 끝나는 날까지 역적이었다. 허균이라는 이름을 거론할 수조차 없었다. 조선시대 내내 복권이 되지 않을 만큼 조선에서 그는 깊은 증오의 대상이 되었다. 그렇다면 여기서 의문이 들 수밖에 없다. 도대체 허균은 어떤 인물이었던 것일까?


## 당대 최고의 지성인이자 천재

중국 국가 도서관에는 1600년대 초 명나라에서 출판한 《조선시선朝鮮詩選》이 보관되어 있다. 명나라 시인 오명제(吳明濟)가 편찬한 이 시집에는 신라시대부터 16세기까지의 우리나라 한시 332편이 실려 있다. 신라시대 문인인 최치원과 백결부터 고려시대 이규보, 정몽주 등을 비롯해 조선시대 정도전, 서거정, 김종직, 허매씨(허난설헌)에 이르기까지, 우리나라를 대표하는 문인 108명의 시다. 이 책은 한국 문학이 중국에 전해진 효시로 문화교류사적 의의가 크다고 평가받는다.

《조선시선》은 중국에 어떻게 전해지게 된 것일까? 이를 알 수 있는 일곱 글자가 책 끝부분에 적혀 있다. 바로 '조선장원 허균서(朝鮮壯元 許筠書)'다. 허균이 중국에 조선의 시를 전파하는 데 결정적 기여를 했음을 입증하는 대목이다.

임진왜란(1592~1598)이 끝나가던 1598년, 조정은 문장이 뛰어난 허균에게 명나라 사신들을 맞게 했다. 허균은 자신의 집에 명나라 시

인 오명제를 초대했다. 마침 오명제는
원군(援軍)과 함께 조선땅에 들어와서
머무르며 전쟁 통에도 조선의 시를 모
으고 있었다. 허균은 자신의 머릿속에
들어 있던 수백 편의 조선시를 그 자리
에서 외워 보인다.

> 허균이 영민해서 시를 한 번 보면 잊지
> 않아 동방의 시를 수백 편이나 외워주
> 었다. ―《조선시선》〈서문〉

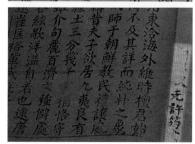

명나라에 돌아간 후 오명제는 허균이
암송했던 내용을 바탕으로《조선시선》
을 간행했다. 그런데 이 책에는 특히 눈
길을 끄는 부분이 있다. 허균이 쓴 시에
흥미롭게도 한글로 ‘음’이 달려 있는
것이다. 조선 시인으로서 우리 문화에

《조선시선》 표지와 허난설헌 부분. ‘조선
장원 허균서’라는 부분이 보인다.

대한 자긍심을 엿볼 수 있는 대목이다. 황유복 중앙민족대학 민족학
과 교수는 “그 한 편의 한시에 훈민정음으로 음을 달았고, 이로써 훈
민정음 문자가 중국에 처음 소개되었다. 허균은 우리도 이러한 문자
를 가지고 있다는 것을 중국에 알려주려는 생각을 갖고 있었다”고 설
명한다.

허균의 집안은 고려시대부터 이름난 문벌이었다. 허균의 아버지

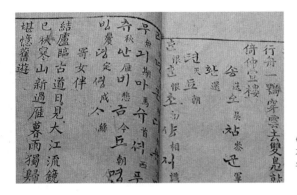

《조선시선》에 실린
자신의 시에
우리 글자로 음을 단 허균.

허엽이 동인의 영수로 추대될 만큼, 당대 가장 치성한 가문으로 손꼽혔다. 그가 살았던 마을은 허엽의 호인 '초당'을 따 마을 이름을 붙일 정도였다. 또한 당대 최고의 문장가 가문으로 아버지 허엽, 허균의 형 허성(許筬)과 허봉(許篈), 누이 허난설헌(許蘭雪軒)은 허균과 더불어 '오문장가'로 불렸다. 허균 개인은 20대 초반에 이미 표절시로 세상을 떠들썩하게 할 만큼 탁월한 문장가였다. 그의 문장은 허균을 혐오하는 조선도 인정할 수밖에 없는 실력이었다.

오직 문장의 재주가 있어 세상에 용납되었다. — 선조 32년(1599) 5월 25일

허균은 문재(文才)가 매우 뛰어나 수천 마디의 말을 붓만 들면 써 내려갔다.

— 광해군 6년(1614) 10월 10일

옛 책을 막히지 않고 줄줄 외는 허균의 지력은 다른 이들이 쉽게 당할 수가 없었다. 허균은 화답시를 즐기는 중국의 사신들을 맞아서는 유교와 불교, 도교에 두루 걸쳐 깊은 대화를 나누곤 했다. 곁에서

지켜보던 신흠(申欽)은, 허균이 사람일 수가 없다며 그 천재성을 놀라워했다.

> 이 자는 사람이 아니다. 반드시 여우나 살쾡이, 쥐 같은 짐승의 정령일 것이다. ─ 《어우야담於于野譚》(1621)

허균의 뛰어난 문장과 말재주는 임진왜란을 겪고 있던 조선의 '외교사절'로서 꼭 필요한 자질이었다. 조선 입장에서는 원군을 파병한 명나라의 사신들을 잘 대접해야 했다. 그들의 심기를 거스르면 조선의 운명이 위태로울 수도 있었다.

이후 허균은 사신의 일원으로 중국에 여섯 차례 이상 다녀온다. 뛰어난 문장을 바탕으로 한 그의 외교수완 덕분이었다. 이를 수창외교(酬唱外交; 서로 시를 주고받으며 뜻을 통하는 조선시대의 외교. 학식이 뛰어나고 시를 잘 짓는 문사들이 담당했다)라고 하는데, 시를 서로 주고받으며 뜻을 통하고 외교적인 성과를 거둔다는 의미다. 외교 사절로 허균이 자주 발탁됐다는 것은 그만큼 시도 잘 짓고 학문도 깊었음을 의미한다.

선조는 문장에 뛰어나고 국제 정세에 밝은 허균을 유난히 아꼈다. 사신들을 훌륭히 접대한 허균에게 형조정랑, 삼척부사 등 계속해서 벼슬이 하사되었다. 허균은 당대 조선 최고의 천재이자 국제적인 감각을 지닌 엘리트 관료였다.

# 조선의 이단아가 되다

허균의 천재성은 임진왜란이라는 조선의 위기 상황에서 빛을 발했고 주목을 받게 되었다. 하지만 그는 오십 평생, 여섯 번이나 벼슬에서 쫓겨나는 아픔을 맛봐야 했다. 조선시대 허균만큼 파직과 복직을 거듭한 인물도 드물 것이다.

서른한 살이 되던 1599년, 허균은 지방 관리의 부정을 감찰하는 황해도사로 부임했다. 이때 허균은 서울에서 황해도까지 평소 알고 지내던 기생들을 데려갔다. 이로 인해 첫 파직 탄핵을 받고, 부임 6개월 만에 해임된다. 그 후 일생 동안 그의 품행은 수많은 비난을 불러왔다. 세상은 그를 경망한 인물이라고 멸시했다.

> 행실도 수치도 없는 사람이다. — 선조 32년 (1599) 5월 25일

성리학적 질서가 지배하는 유교사회 조선은 그의 자유분방함을 용납하지 못했다.

> 명기(名妓)에게 혹하여, 그의 어미가 원주(原州)에서 죽었는데도 분상(奔喪)
> 하지 않았었다. ……온 세상이 천하게 여기고 미워했다.
>
> — 선조 37년 (1604) 9월 6일

그러나 허균은 세간의 비난에 전혀 개의치 않았다.

男女情欲天也 倫紀分別 聖人之教也 我則從天而不敢從聖人

남녀 간의 정욕은 하늘이 주신 것이요, 인륜과 기강을 분별하는 것은 성인
의 가르침이다. 나는 성인의 가르침을 어길지언정 하늘이 내려주신 본성
을 어길 수는 없다.

— 이식, 《택당집澤堂集》

허균은 오히려 언제 어떤 기생을 만났으며 잠자리에선 무슨 일이
있었는지까지 세세하게 기록으로 남겼다.

기생들이 인사해 바라보니 내 방에 왔던 자가 12명이었다. — 〈기유서행己酉西行〉

해운판관(海運判官)을 지낼 때의 일기인 《조관기행曹官紀行》을 보면
'낙빈', '산월', '춘랑', '향란' 등 기생의 이름이 등장하는 것은 물
론이고, 몇 월 며칠에 만났는지까지 빼곡하게 기록돼 있다. 그런데
허균은 《조관기행》에 주변 사람들의 이야기도 적어놓았다. 기생 하
나를 차지하기 위해 싸우는 관리들의 일화까지 있다. 체통과 체면을
중시하던 양반 사회 조선에서 허
균의 이런 솔직함은 받아들여지
기 힘든 것이었다.

원래 조선시대에는 중앙의 관원
들이 출장갈 때마다 자동으로 기
생들의 수청을 받았다. 허경진 연
세대 국어국문학과 교수는 허균

허균의 일기 《조관기행》에 적힌 기생들의 이름.

허균과 제형지교(弟兄之交)를
나눈 사명당.

과 기존 양반들의 차이점은, "허균은 기행문에
다 그날그날 수청했던 기생의 이름을 썼고 또
어떤 날은 '10년 전에 보았던 기생인데 늙었다'
와 같이 개인적인 감정을 솔직히 써내려간 데
비해, 다른 양반들은 그저 그 모든 사실을 감추
었다는 것뿐"이라고 설명한다. 단지 허균의 솔
직한 언행을 조선시대가 용납하지 못했다는 것
이다.

허균의 자유분방함은 그것으로 끝나지 않았다. 성리학이 아니면
이단으로 취급받던 시절에 허균은 승려들과도 허물없이 어울렸다.
특히 사명당(泗溟堂)과는 형제처럼 지냈다. 사명당은 임진왜란 때 승
병을 일으켜 전공(戰功)을 세우고 당상관의 위계를 받은 인물이다. 허
균은 열여덟 살 때 사명당을 만나 그가 열반할 때까지 깊게 교류했
다. 사명당이 열반하자 그의 제자들이 허균에게 비문을 부탁했을 정
도였다. 해인사에 있는 사명당의 비석에는 비록 허균이 유학자지만,
허균과 사명당이 형제처럼 가까이 지냈고, 사명당에 대해서는 허균
만큼 깊이 아는 이가 없다고 적혀 있다.

유교사회 조선에서 유학자가 불교에 심취한다는 것은 받아들여지
기 힘든, 위험한 일이었다. 대학자 율곡 이이 역시 어릴 적 잠시 금강
산에 들어가 불가에 귀의했다 하여 평생 비난의 굴레에서 벗어날 수
없었다.

허균은 밥을 먹을 때면 식경(食經)을 외고, 항상 작은 부처를 모시고 절하면

서 스스로 불제자(佛弟子)라고 자청하니 승려가 아니고 무엇이겠습니까.

— 선조 40년(1607) 5월 5일

결국 허균은 불교를 믿는다는 이유로 수안군수에서 파직되고, 삼척부사 자리에서도 임명 13일 만에 쫓겨났다. 하지만 아랑곳하지 않고 자신만의 자유로운 세상을 살고자 했다. 자신이 삼척부사 자리에서 쫓겨나게 됐다는 소식에 "그대들은 그대들의 법이나 써야 할 것이오. 나는 내 인생을 나대로 살리라"라고 노래했을 정도다.

관직생활 20여 년 동안, 허균은 세 번의 유배와 여섯 번의 파직을 당한다. 허균은 스스로를 불여세합(不與世合)한다고 여겼다. 세상과 화합하지 못한다는 뜻이다.

許子性疏誕 不與世合 時之人群詈 而衆斥之 門無來者 出無與適

나는 성격이 제멋대로여서 세상 사람들과 잘 어울리지 못한다. 그래서 사람들이 무리를 지어 꾸짖고 떼를 지어 배척하므로, 집에는 찾아오는 이가 없고 밖에 나가도 찾아갈 만한 곳이 없다.

— 〈사우재기〉

세상과 화합하지 못하는 허균의 행보는 거기서 멈추지 않는다. 1614년과 1615년, 두 차례 사신으로 북경을 찾았을 때 허균은 선교사 마테오리치(Matteo Ricci)가 세운 성당 남당에서 천주교를 접하게 된다. 조선으로 돌아가는 길에 허균은 서양지도와 천주교 찬송가인 12게장을 가져갔다. 조선의 성리학 체제에 안주하지 않고 끊임없이

마테오리치가 세운 남당 성당.

새로운 학문에 대한 열망을 불태웠던 것이다.

북경의 고서점 거리 유리창(琉璃廠)은 조선이 세계를 만나는 거의 유일한 창구였다. 사신으로 명나라를 드나들던 허균은 이곳에서 조선에서는 구할 수 없는 책들을 사 모았다. 두 차례의 사행길에서 무려 은 1만 냥이 넘는 돈을 주고 4천여 권의 책을 사서 조선으로 가져왔다.

조선시대 명나라로 가는 사신들에게는 정부에서 공식적인 출장비를 주지 않는 대신 인삼을 가져가서 팔 수 있는 권리를 주었다. 대개는 그것을 가지고 골동품을 사오기 마련이었는데, 허균은 자기가 보고 싶었던 책, 새로운 세상을 알려주는 책들을 샀던 것이다. 허균의 《한정록閑情錄》에 의하면 4~5천 권 정도라고 했다. 허균이 얼마나 새로운 세상에 목말랐는지 보여주는 기록이다.

그렇게 구한 책 중에는 명나라 양명학자 이탁오(李卓吾·1527~1602)의 것도 있었다. 이탁오는 허균과 공통점이 많은 인물이다. 두 사람 모두 불교를 믿었고, 마테오리치를 만나 천주교를 접했다. 그리고 이탁오 역시 유교의 이단아 취급을 받았다. 이탁오는 중국의 유가적인 역사관을 비판하며 당시의

허균과 공통점이 많은 양명학자 이탁오의 흉상.

지배질서에 반기를 들었다. 주자학의 절대 진리를 인정하지 않고, 진리는 상대적인 것이라며 주체적인 자각을 강조했다. 푸샤오판 하문대학 철학과 교수는 "성리학과 비교해서 이탁오의 학문은 주체성과 자유와 해방을 추구하고, 전통을 강하게 부정했다. 그의 새로운 사상은 매우 급진적이었고, 당시 많은 시민계층의 의식을 대표했다"고 설명한다. 중국은 이탁오를 괴물이라 비난했고, 박해를 받던 그는 결국 자결했다.

이탁오의 책은 명나라가 멸망하고 청나라가 들어선 뒤에도 여전히 금서로 남아 있었다. 허균은 그런 이탁오의 책까지 망설임 없이 구해 읽었다. 유교를 부정한 이탁오의 책을 보았다는 사실만으로도 위태로운 행동이었다.

> 이탁오의 글은 불태웠으나 그의 도는 여전히 다 태우지 못했다. 세상에는 원래 그릇된 논의가 분분한 법이오. ―《을병조천록乙丙朝天錄》중 이씨분서를 읽고

허균은 스스로, 조선의 이단아가 되어갔다.

# 이상 사회를 그린 《홍길동전》

세상의 시선에 아랑곳하지 않고, 다방면의 학문과 다양한 사람들을 만나면서 허균은 세상의 모순을 피부로 느꼈다. 그가 본 세상의 불합리와 그의 개혁사상이 소설 《홍길동전》에 잘 드러나 있다.

《홍길동전》은 부임 9개월 만에 공주목사에서 파직되고, 나주목사의 임명마저 취소된 허균이 부안으로 내려가 쓴 것이다. 마침 부안현감이 허균을 위해 원래 양반가의 별장이었던 정사암을 수리해줘 이곳에 머물며 《홍길동전》의 집필에 힘쓸 수 있었다.

《홍길동전》은 서자 홍길동이 부패한 세상을 바꾸는 이야기다. 실제로 허균은 서자들의 후견인이라 할 수 있을 만큼 서자들과 가깝게 지냈다. 삼척부사에서 13일 만에 파직당한 지 7개월 뒤 공주목사(1603)로 부임하자마자 그가 한 일은 서얼 친구들을 관아로 불러들이는 것이었다.

> 내 마땅히 녹봉의 절반을 덜어 자네를 부양하겠네. 재주가 나의 열 배는 뛰어나지만 세상에서 버림받음이 나보다 심하네. 빨리 와주게. 자네가 왔다고 해서 비록 비방을 받는다 해도 나는 걱정하지 않겠네.
>
> — 서얼 친구 이재영(李再榮)에게 보낸 편지

하루는 허균의 청으로 서얼 친구들과, 역시 서얼이었던 처외삼촌 심우영(沈友英)이 찾아왔다. 허균은 그들의 식솔들까지 모두 돌봤다. 하지만 세상은 허균이 공주 관아에 '삼영(三英)'을 설치했다며 그를 헐뜯었다.

허균이 공주 관아에 삼영을 설치했다. ─ 광해군 9년(1617) 12월 24일

여기서 삼영이란 그와 절친하게 지내던 서얼 이재영과 윤계영(尹繼榮), 심우영의 이름을 따 비아냥댄 말이다. 명문가의 자손이었던 허균이 어떻게 서얼들과 절친해졌을까? 그것은 손곡 이달(蓀谷 李達 · 1539~1618)을 스승으로 섬기며 비롯됐다.

이달은 조선의 이태백(李太白)으로 비유될 만큼 뛰어난 시인이었다. 하지만 서자라는 신분 때문에 관직을 포기하고 한평생 떠돌이 생활을 해야 했다. 허균은 스승의 모습을 통해 조선의 모순을 일찍부터 실감했다.

이에 대한 허균의 생각이 담긴 책이 허균이 전북 함열에 유배 갔을 때 쓴 시문집 《성소부부고惺所覆瓿藁》다. 장독대를 덮을 만한 하찮은 글이라는 뜻의 이 책에는 시, 수필, 편지 등이 실려 있다. 특히 마지막 논설에 허균의 개혁사상이 잘 드러나 있는데, 인재를 버린다는 의미의 〈유재론遺才論〉에서 신분제에 대한 비판과 조선사회의 개혁에 대한 의지를 엿볼 수 있다.

허균의 인재론이 담긴 〈유재론〉.

나라를 다스리려면 인재가 있어야 한다. 우리나라는 나라가 작아서 인재가 드물다. 그런데도 대대로 벼슬하던 집안이 아니면 아무리 훌륭한 사람이라도 높은 벼슬에 오를 수가 없다. 한 사람의 재주와 능력은 하늘이 준 것이므로 귀한 집 자식이라 해서 재능을 많이 주는 것도 아니며 천한 집 자식이

라 해서 인색하게 주는 것도 아니다. —〈유재론〉

조선 후기에 가면 다산 정약용이 〈유재론〉과 비슷한 주장의 글을
많이 썼지만, 그보다 먼저 허균이 인재를 고르게 써야 국가와 사회가
발전할 수 있다는 점을 주창한 것이다. 즉 〈유재론〉은 신분 평등을
주장하는 선구적 글이라고 볼 수 있다.

재능에는 천함이 없다는 〈유재론〉과 더불어 세상을 바꾸는 힘이 민
중에게 있다는 〈호민론豪民論〉 역시 허균 사상이 잘 나타난 글이다.
허균은 〈호민론〉에서 '천하의 가장 두려운 존재는 임금이 아닌 백성'
이라고 했다.

그는 백성을 세 부류로 나누었다. 관리가 시키는 대로만 하는 항민
(恒民), 세상을 원망만 하는 원민(怨民) 그리고 자신의 뜻을 이루기 위
해 행동에 나서는 호민(豪民)이다. 이중 가장 두려운 자는 호민이다.
호민은 잠자는 민중을 이끄는 지도자다. 임금과 지배 세력이 백성을
업신여기고 착취하면 호민이 나서서 원민과 항민을 선동하고, 결국
걷잡을 수 없는 사태가 초래될 것이라고 허균은 경고하고 있다.

지금 백성의 원망은 고려 말보다 훨씬 심하다. 견훤, 궁예 같은 호민이 나온
다면 백성들이 따르지 않으리라고 어떻게 보장하겠는가. —〈호민론〉

장정룡 강릉대 국어국문학과 교수는 "임금이 가장 두려워해야 할
자는 물도 아니고 불도 아니고 호랑이도 아니고 표범도 아니고 오로
지 백성이다"라는 허균의 주장은 이미 400여 년 전에 민주주의의 핵

심 개념을 제시한 것이라고 설명한다. 그리고 허균이 제시했던 민중적 세계관, 진보적 세계관, 열린 세계관의 출발은 〈호민론〉에서부터 시작되었고 그 때문에 허균은 형장의 이슬로 사라지는 비운을 겪게 되었다는 것이다.

새로운 사회를 갈망한 허균의 목마름에서 나온 〈유재론〉과 〈호민론〉이 이론적인 글이라면, 《홍길동전》은 그런 사상을 바탕으로 한 소설이다. 홍길동(洪吉童)은 전라남도 장성을 중심으로 활동했던 실존 인물이었다. 실록은 홍길동이 연산군 시절, 조정을 괴롭힌 유명한 도적이라고 기록하고 있다.

> 강도 홍길동이 옥정사와 홍대 차림으로 첨지라 지칭하며 대낮에 떼를 지어 무기를 가지고 관부에 드나들면서 기탄없는 행동을 자행하였다.
>
> — 연산군 6년(1500) 12월 29일

허균은 그러한 홍길동을 100여 년이 지난 조선 중엽, 자신의 한글

전라남도 장성군에 있는 홍길동 생가.

소설에서 부활시켰다. 서얼이 이상 국가를 건설하는 《홍길동전》에는 조선의 모순을 안타까워하며 비판하는 허균의 개혁사상이 그대로 살아 있다. 결국 허균은 홍길동이라는 호민을 통해 신분 차별이 없는 사회를 꿈꿨던 것이다.

또한 허균은 나라가 어지러운 것은 모두 임금에게서 비롯된다고 보았다. "임금이 백성을 위하지 않고 자기 욕심이나 채운 나라가 망한 것은 당연하다(〈호민론〉)", "나라를 훌륭히 다스리는 것은 임금의 굳은 의지와 결단에서 나올 뿐이다(〈정론〉)"라고 주장했다.

그러나 백성을 두려운 존재로 여기며 조정과 임금에게 거침없는 비판을 서슴지 않았던 허균은 한 사건에 연루된 것을 계기로 전혀 다른 정치 행보를 보이기 시작한다.

## 허균의 변신, 타협인가 위장인가

조선은 건국 초기부터 서얼에 대한 차별이 심했다. '서얼금고법(庶孽禁錮法)'이라는 제도를 통해 서얼들의 벼슬길을 제한했다.

> 서얼의 자손에게는 문과, 생원, 진사시의 응시를 허락하지 않는다.
>
> —《경국대전》〈예전〉

선조 재위 원년(1567), 1600명의 서얼들이 서얼금고 철폐를 요구했지만 받아들여지지 않았다. 그러다 임진왜란 때 병력이 부족해지자 서얼들을 적극적으로 등용했다. 하지만 이것도 잠시, 전쟁이 끝나자 조정은 다시 이들의 벼슬을 빼앗았다. 서얼금고법의 폐지는 조선의 시스템을 붕괴시키는 것이었기 때문이다. 조선사회는 16세기 이

《경국대전》에 적힌 서얼금고법의 내용.

후 성리학 이념이 정착하면서 기존의 양인과 천인으로 나뉘었던 신분구조도 양반, 중인, 상민, 천민의 사신분제도로 고착화된다. 중인의 중요한 축이 기술직 중인과 서얼들이었다. 결국 서얼은 양반 지배질서 사회가 강화되는 과정에서 희생양으로 전락한 신분이라 할 수 있다.

1613년, 조선을 뒤흔드는 사건의 전초가 시작된다. 스스로를 강변칠우(江邊七友), 혹은 죽림칠현(竹林七賢)이라 부르던 일곱 명의 서자가 있었다. 이들은 윤리가 없는 집이라는 뜻의 무륜당(無倫堂)을 짓고, 시대를 한탄하며 세월을 보내고 있었다. 일곱 명의 서자들은 모두 고관의 자제들인데다 재능도 있었지만, 첩의 자식이라는 이유로 벼슬길에 나아갈 수 없었다. 나라로부터의 소외, 그것이 이들을 행동하게 했다. 이른바 '칠서의 난'이 벌어진 것이다.

《홍길동전》에 나오는 활빈당의 주요 무대이기도 한 조령(지금의 문경새재)에서 이들은 서울과 동래를 오가는 은(銀) 상인을 공격, 은 700냥을 강탈한다. 거사 자금을 모으기 위해서였다.

칠서의 난은 곧 '계축옥사(癸丑獄事)'로 번지게 된다. 선조에 이어 등극한 광해군은 서자였다. 선조가 죽은 후, 광해군은 대북파의 지지를

등에 업고 유일한 적자인 영창대군을 제치고 왕위에 올랐다. 임진왜란 때 분조(分朝)하면서 왕세자로서 전란 수습을 잘해냈지만, 1606년 영창대군이 태어나면서 선조의 지지를 받지 못했던 광해군은 영창대군이 어린 탓에 1608년에 겨우 왕위에 오를 수 있었다. 그런 광해군에게 영창대군의 성장과 그를 지지하는 세력은 왕통을 위협하는 걸림돌이었다.

광해군을 지지하는 대북파는 칠서의 난 주동자들을 문초하면서 영창대군의 생모인 인목대비의 친정아버지 김제남(金悌男)을 몰아내기 위해 김제남과 반역을 도모했다고 허위자백케 한다. 이를 계기로 영창대군을 강화도로 위리안치시켰다가, 이내 뜨겁게 불을 땐 방 안에 가둬 죽인다. 이로써 대북파는 반대 세력을 모두 제거하고 독주 체제를 강화할 수 있었다.

그런데 이러한 계축옥사의 시발점이 된 칠서의 난의 배후로 허균이 지목된다. 주동자인 박응서(朴應犀), 심우영을 비롯한 7명의 서자들이 모두 허균과 절친한 사이였기 때문이다.

신변이 위험해진 허균은 조정의 최고 실세인 대북파 이이첨(李爾瞻)과 손을 잡고, 이내 자신에게 유리한 정세를 만들어간다. 당장 광해군과 집권파의 신임이 필요했던 허균은 인목대비 폐모론(廢母論)에 적극적으로 나섰다. 인목대비는 정통성이 취약했던 광해군에게 가장 큰 정치적 걸림돌이었다. 폐모론을 확산시키기 위해 허균은 자신의 집에서 유생을 먹이고 재우면서까지 상소를 작성케 했다.

위기는 기회가 되었다. 허균은 이 일로 왕권 강화를 꿈꾸던 광해군의 두터운 신임을 얻게 된다. 허균을 위기에 처하게 만든 칠서의 난이 오히려 그를 권력의 중심에 서게 하는 아이러니한 결과를 가져온 것이다. 결국 정2품 좌참찬까지 된 허균의 갑작스러운 변모는 권력 추종을 위한 것이었을까, 이유 있는 위장이었을까?


## 시대에 좌절한 이무기

계축옥사 5년 뒤인 광해군 10년(1618) 8월 10일, 남대문에 흉방이 붙는 사건이 발생했다. 흉방은 백성들을 위해 광해군이 제거될 것이라는 거사를 천명한 글이었다. 흉방이 허균의 조카이자 심복인 하인준(河仁俊)의 소행으로 밝혀지자 허균은 역모의 주동자로 지목돼 투옥된다.

하지만 허균이 투옥된 사실이 알려지자 성균관 유생들은 죄 없는 사람을 가두었다며 상소했고, 거리로 떼 지어 몰려다니며 백성들을 선동했다. 허균을 탈옥시키려는 움직임도 일었다. 하급 아전들과 노비, 무사 등 조선사회로부터 소외받고 있던 자들이 주축이었다. 이들은 의금부 감옥 앞으로 모여들어 옥문을 부수고 허균을 데려가자고 소리쳤다. 군중들은 나졸과 옥문을 향해 돌을 던졌고 겁에 질린 나졸들은 달아나기까지 했다. 역사학자 이이화 선생은 이에 대해 다음과 같이 설명한다. "허균이 신분사회를 철폐하고 양반의 특권도 배재하고, 또 학문과 사상의 자유를 보장하는 이상적인 정치체제를 갖추려는 의지가 있었던 것은 분명하다. 광해군에게 신임을 받았다고 해서 더 큰 목적, 즉 자기 스스로 새로운 왕조를 만들려는 꿈이 전혀 없었

다고 단정할 수는 없다. 또한 허균의 추종 세력들이 바라는 점이 허균의 의지와 부합했기 때문에 그들은 충분히 동조 세력이 될 수 있었다."

허균의 주변인을 대상으로 진상조사가 시작됐다. 그리고 고문 끝에 허균은 역모를 꾸몄다는 자백을 한다. 스스로 왕위에 오르려 했다는 것이다.

스스로 왕위에 오르려고 했다는 허균의
죄명이 기록된 실록.

> 허균이 애초에는 의창군(義昌君)을 추대하는 것으로 계획을 삼았으나 나중에는 허균이 스스로 하려 했다. ─ 광해군 10년 (1618) 8월 25일

대신들은 대질 심문을 할 필요도 없이 허균을 당장 죽여야 한다고 주장했다. 광해군은 정확한 진상조사를 명했으나, 역적의 우두머리 허균을 하루 빨리 죽이라는 대신들의 상소만 더 쌓일 뿐이었다.

개혁적 성향의 광해군이 조선사회를 바꾸는 주체로서 왕과 양반 관료들, 특히 진보적인 북인들을 생각했다면, 허균은 달랐다. 양반이 아닌 서얼이나 무사, 심지어 승려 계급까지 동원해서, 즉 조선사회에서 마이너로 전락한 소외 세력들이 연합해서 근본적으로 사회를 바꾸는 것이 맞다고 생각했던 것이다.

허균의 무리인 김윤황(金胤黃)과 우경방(禹慶邦)의 자백이 나온 지 3일 만인 1618년 8월 24일, 허균에게 사형이 선고된다. 변론의 기회조차 없었다. "할 말이 있다"고 울부짖는 허균을 무시한 채 사형

이 일사천리로 집행됐다.

이때 이미 기자헌(奇自獻) 등이 "예로부터 형신도 하지 않고 결안도 받지 않은 채 단지 공초만 받고 사형으로 나간 죄인은 없었으니 훗날 반드시 이론이 있을 것이다"라고 말했다고 하니, 당시에도 허균의 사형 집행 과정 자체에 대해 이의 제기가 있었던 셈이다.

이렇듯 조선은 쫓기듯 황급히 허균을 능지처참했다. 비록 대역죄인으로 죽었지만 허균을 따르는 민중들은 여전히 많았다. 잘려진 그의 머리를 가져가려다 심문을 당한 자도 있었다. 그 뒤로도 3개월간, 허균을 따르던 자들은 계속해서 잡혀 들어갔고 귀양을 가거나 고문 끝에 죽었다.

의금부에 투옥되기 전날 밤, 허균은 자신의 운명을 예감한 듯 그의 장서를 외손자의 집에 급히 보냈다. 그렇게 해서 남은 허균의 책이 바로 〈유재론〉과 〈호민론〉이 담긴 《성소부부고》였다. "백성을 두렵게 여기며 신분의 차별을 철폐하고 올바른 나라를 세워야 한다." 시대를 앞서간 그의 거침없는 주장은 지금 이 시대에도 여전히 우리 사회가 풀어야 할 숙제다. 신병주 교수는 "허균과 같은 진보 지식인의 사상이 당대에는 수용되지 못했지만, 후에 같은 사상을 이어갔던 이수광이나 이익 같은 개혁 성향의 실학자들을 통해 상당 부분 수용되었다. 그런 점에서 허균의 죽음은 결코 헛되지 않았다"라고 설명한다.

허균이 태어난 강릉 사천 앞 바닷가에는 이무기가 떠나며 두 동강이 났다는 전설의 교문암이 있다. 바위 밑에 엎드려 때를 기다렸지만 끝내 용이 되지 못했다는 이무기처럼, 시대를 앞서가다 좌절당한 허균 역시 이무기가 아니었을까.

한국사傳 5

6

세종시대의 천문과학적 결실은

대부분 장영실의 손에서 이루어진 것이다.

세종의 총애를 받아

노비에서 대호군까지, 승승장구하던 장영실이었지만

세종 24년(1442) 3월에 일어난 의문의 가마사건으로

그의 이름은 역사 속에서 영영 자취를 감추고 말았다.

가마사건 직후, 왜 장영실은 돌연 역사 무대에서 사라진 것일까?

역사가 지워버린
천재과학자
—— 장영실

조선의 하늘을 관측해서

조선의 역법과 조선의 시간을 만들고자 했던

세종의 간절한 소망은 7년에 걸친 비밀 프로젝트 끝에 완성되었다.

세종을 만나, 세종의 손이 되어

그 능력을 맘껏 꽃피울 수 있었던 장영실은

프로젝트를 끝내던 마지막날, 무슨 생각을 했을까?

## 노비 장영실, 중국 유학을 가다

우리 역사에서 장영실(蔣英實 · ?~?)만큼 극적인 삶을 살다간 과학자
는 없을 것이다. 장영실은 조선의 과학 문명을 세계적인 수준으로 이
끈 세종시대 대표적인 과학자였으나, 원래 그의 신분은 노비였다. 장
영실이 궁궐 기술자로 근무한 기간은 20여 년이다. 그 기간 동안 장
영실은 노비에서 대호군(大護軍)의 자리에까지 올랐다. 대호군은 지금
의 중장 계급에 해당하는 종3품 무관직이다. 엄격한 신분제 사회였던
조선시대에 어떤 과정을 거쳐 장영실이 대호군의 지위에까지 오를
수 있었을까?

  고궁박물관 지하 전시실에는 2007년에 복원한 높이 6미터의 거대
한 자격루(自擊漏)가 있다. 600년 전 장영실을 역사의 전면에 등장시킨
물시계다.《세종실록》을 바탕으로 복원한 장영실의 자격루는 크게 두
부분으로 구성되어 있다. 세 개의 청동 항아리에서 일정하게 흘러내
리는 물의 흐름으로 시간을 측정하는 물시계 장치와, 일정한 시각이
되면 종을 치고 북과 징을 울려 몇 시 몇 분인지 알려주는 자동시보

자동시보 장치 안에 설치된 인형. 시간을 알려주는 장치다.

장치. 시보장치 안에는 12지신 동물 인형이 설치되어 있는데, 매 시각 각기 다른 인형이 튀어나와 시간을 알려준다.

장영실이 자격루를 개발했을 당시, 자동시계 기술을 보유한 나라 는 중국과 아라비아, 단 두 나라뿐이었다. 자격루 개발로 조선은 세 계에서 세 번째로 최첨단 자동시계 기술 보유국이 된 셈이다. 장영실 은 언제, 어떻게 이 같은 '자동시보 장치' 시계를 개발한 것일까?

세종 3년(1421), 관노 신분의 장영실에게 상상조차 할 수 없던 기회 가 찾아온다. 세종이 천문과학 분야 전문가인 남양부사 윤사웅과 부 평부사 최천구 등과 함께하는 자리에 상의원(尙衣院) 행사인 장영실을 불러들인 것이다. 그 자리에서 세종은 '직접 중국에 가서 각종 천문 기기들을 눈에 익히고 오라'는 파격적인 특명을 내렸다. 노비였던 장 영실로서는 감히 꿈조차 꿀 수 없었던 중국 유학이었다. 문중양 서울

베이징 서우두 공항 내
혼천의

대 국사학과 교수는 세종이 장영실을 발탁한 이유에 대해 "당시 장영실이 국내에서 가장 손재주가 좋은 기술자였는데 특히 그의 금속제련 기술이 천문관측 기구를 제작하는 데 가장 중요했다"고 설명한다.

《연려실기술》에 따르면, 세종이 장영실의 중국 유학을 결정하는 자리에서 구체적으로 언급한 천문관측 기구가 있는데, 흠경각에 설치된 중국의 물시계와 천체관측 기구인 혼천의가 그것이다. 두 기구의 특징을 살펴서 그 도면을 그려오는 것이 장영실에게 주어진 임무였다.

2008년 베이징 올림픽을 개최하면서 중국의 힘과 자부심을 응축해 지었다는 북경 서우두 공항 출국 수속장 한가운데 우뚝 세워놓을 만큼, 혼천의는 과거 세계의 천문과학을 주도한 중국 자부심의 상징이다.

장영실이 북경을 방문했을 당시, 중국은 세계적인 천문과학 기술 보유국이었다. 북경 고관상대는 명나라 때 중국의 국립 천문대 역할을 하던 곳이다. 고관상대 2층에 고대 천문관측 기구들이 설치되어 있다. 지금은 관광유적으로 개방해 관람료만 내면 누구나 살펴볼 수 있지만, 장영실이 북경 유학길에 올랐을 때는 목숨을 걸지 않으면 접근할 수 없는 곳이었다.

중국이 고관상대를 꽁꽁 숨겨놓았던 이유가 명나라의 법률과 풍속을 정리해놓은 《야획편野獲編》이라는 기록에 나와 있다. 명나라의 천문학에 관한 규정은 놀랍도록 엄격해서, 황제의 허락 없이는 천문학 공부를 할 수 없으며 멋대로 달력을 만들다 발각되면 사형에 처해질 정도였다. 하늘의 비밀을 밝히는 천문학은 황제의 영역이었고, 관상대는 황제의 명에 따라 관리되는 통제구역이었다.

관상대를 관리하던 흠천감 역시 외부인이 드나들 수 없는 보안구역이었다. 흠천감에 근무하는 관리들의 외부활동도 철저히 통제되었다. 흠천감에서 일하는 관리는 다른 곳에서 업무를 해서도 안 되고, 다른 사람들과 천문학에 대해 교류하거나 공부할 수 없다고 명시하고 있다. 기밀사안을 다루었기 때문이다.

부푼 꿈을 안고 달려온 중국 유학길이었지만, 장영실은 명나라 관상대 안으로는 한 발짝도 들여놓을 수 없는 처지였다. 그토록 보고 싶었고, 꼭 보아야만 하는 임무를 띠고 있었지만 관상대를 눈앞에 두고 돌아설 수밖에 없었다. 하지만 빈손으로 돌아갈 수는 없었다. 다른 길을 찾아야만 돌아갈 체면이 설 터였다. 관상대 말고 자금성 교태전 안에도 동호적루라 불리는 시계가 있었지만, 이 역시 황후의 집무실

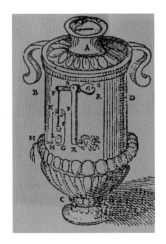

그리스 진동 생수 판매기 도면.

에 있어 접근 불가였다.

그나마 북경의 서점가는 장영실에게 신천지와 같았다. 명나라 때 생긴 유리창 거리는 지금도 고서를 파는 서점들이 즐비하다. 당시 이곳은 장영실의 갈증을 풀어줄 국제 문명의 창구였다. 세계 각국의 사람들이 드나들었고, 다양한 정보가 교류됐다. 중국의 전통 서적은 물론, 유럽과 아라비아의 선진 과학 문명을 소개하는 책도 나와 있었다.

북경에 머무는 동안, 장영실은 서점가를 돌며 물시계와 천문관측 기구에 관한 책을 구입하고 정보를 수집한 것으로 보인다. 그리스에서 처음으로 개발된 자동 생수 판매기의 도면이 실린 책과 아라비아의 자동시계 기술이 소개된 책을 통해 자동화 기술도 접했을 것이다. 지금처럼 사제(師弟) 관계에서 배우는 게 아니라, 책을 통해서만 연구를 해야 했기 때문에 모르는 부분을 해결하는 데 어려움이 많았을 것이다.


## 최첨단 자동 물시계를 만들다

장영실은 이듬해인 세종 4년(1422)에 귀국했다. 이때부터 새로운 물시계 제작에 매달려 세종 6년(1424), '경점지기(更點之器)'라는 물시계를 처음으로 만들었다.

이 시계는 그동안 써오던 물시계를 계량해 좀 더 정밀하게 만든 것이다. 하지만 경점지기는 사람의 힘을 빌려야 했다. 덕수궁에는 중종 때 제작된 국보 229호 자격루가 남아 있는데, 이것의 부품으로 경점

덕수궁에 남아 있는 자격루. 중종 때 제작된 것이다.

지기가 어떤 시계였는지 확인 가능하다.

덕수궁의 자격루는 청동으로 만든 세 개의 항아리와 파이프 모양의 긴 물통만 남아 있는데, 이것이 전통적인 물시계의 핵심 부품이다. 작동 원리는 청동 항아리에서 흘려보낸 물이 차오르면, 긴 물통 안에 설치된 부표가 상승하고 이때 부표에 꽂아둔 잣대의 눈금 변화로 시간을 읽는 것이다. 사람이 눈으로 일일이 확인해야 하니, 담당자가 실수로 시간을 잘못 알려 처벌받는 경우가 많았다.

제사를 행할 시간을 잘못 보고하다. — 태종 16년 (1416) 5월 3일

물시계가 틀려 서운관원을 의금부에 가두다. — 세종 2년 (1420) 7월 19일

같은 실수를 반복하지 않으려면 정확한 시간을 알려줄 수 있는 새로운 시계가 필요했다. 자격루를 복원한 남문현 건국대 명예교수는 시계 제작의 중요성을 이렇게 설명한다. "무엇보다 성문을 열고 닫는 시간이 중요했다. 해가 뜬 지 오래되었는데 성문을 연다든가, 해가 너무 일찍 뜨는데 성문을 닫으면 일반 백성들의 생활이 불편해진다. 성문으로 생선장수도 들어오고 쌀장수도 들어와서 장사를 해야 먹고

사는데 그게 안 된다는 말이다. 결국은 관상수시(觀象授時)라는 임금의 막중한 임무가 제대로 지켜질 수 없는 것이다."

장영실에게 새로운 과제가 주어진 셈이다. 사람의 힘을 빌리지 않고 스스로 시간을 알려주는 자동 물시계. 자격루 개발은 그렇게 시작됐다. 장영실은 북경에서 수집해온 자동시계에 관한 정보를 샅샅이 분석했다. 원천기술의 이전 없이 자동 물시계 기술을 개발하는 과정은 그 자체로 고난이었다. 수많은 부품들이 장영실의 손에서 조립되고 해체되기를 반복했다. 시행착오를 거듭하며, 자격루 개발에 매달린 기간만 10여 년이었다. 오랜 연구와 실험 끝에 장영실은 자동 시보장치 기술을 개발했다.

장영실이 개발한 자동 시보장치의 핵심은 매 시간마다 정해진 구슬이 떨어지도록 하는 것과, 그 구슬이 지렛대를 움직여 원하는 장치를 작동시키는 것이다. 《세종실록》〈보루각기〉에는 자격루의 작동 원리가 상세하게 적혀 있다. 기록만으로도 복원이 가능할 정도로 자격루의 구조는 물론, 시보장치의 작동 원리와 순서까지 세밀하게 묘사해놓았다.

자격루는 물시계 장치의 힘으로 작은 구슬이 굴러가는 간단한 원리에서 출발한다. 국립고궁박물관의 서준 학예연구원의 설명을 들어보자. "물의 흐름과 양에 따라서 작은 구슬이 움직이게 된다. 이 작은 구슬이 자유낙하하면서 자격 장치에 설치돼 있던 동통으로 흘러들어 가면 그 안에 있는 숟가락처럼 생긴 횡기의 앞부분에 작은 구슬이 떨어지면서, 그 뒷부분에 설치되어 있던 계란만 한 큰 구슬이 자유낙하를 하게 된다. 큰 구슬이 시계에 설치된 인형의 팔을 건드리면서 종이 울

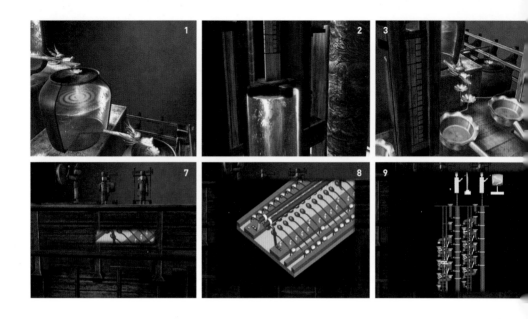

리고, 그 원리에 의해서 다시 인형들이 자리를 옮기는 것이다. 그러면 각 시각에 해당하는 인형들이 위로 솟구쳐서 시간을 알려준다."

장영실은 항아리의 물을 지구의 자전 속도에 맞춰 긴 통 안으로 흘러가도록 만들었다. 이때 부표에 꽂아둔 잣대가 떠올라 작은 구슬을 건드린다. 구슬은 자동 시보장치 속의 지정된 통로를 지나 아래쪽의 숟가락 장치로 떨어진다. 그 힘으로 문이 열리면, 더 큰 구슬이 떨어지게 되어 있어 운동량이 더욱 커진다. 이러한 기계식 증폭과정을 거친 힘으로 종과 북, 징을 울려 시간을 알릴 수 있도록 만든 자동 시보 물시계가 바로 자격루다.

영국의 과학자 조지프 니덤(Joseph Needham)은 《천상시계Heavenly Clockwork》라는 저서에서 자격루에 상당 부분 지면을 할애했다. 그는 자격루의 독창성을 인정하고 '스트라이킹 클렙시드라(Striking Clepshdras)'라는 학명까지 부여했다.

자격루의 자동시보 장치의 원리를 컴퓨터 그래픽으로 복원한 것. 물이 떨어져(1) 부표가 상승하면(2), 구슬이 떨어지면서 시계에 설치된 인형을 움직이게(3~6) 한다. 인형이 종을 쳐(7~8) 평균의 인형을 작동시키고(9~10) 다시 그 인형들이 시간을 알려준다. 복원한 자격루의 전체 모습(11).

장영실이 자격루를 완성한 것은 세종 16년(1434). 한 달간에 걸친 성능시험도 무사히 마쳤다. 세종이 직접 지켜보는 가운데 자격루는 경복궁 보루각에 설치됐다. 그리고 그해 7월 1일을 기해, 자격루는

조지프 니덤의 《천상시계》에 자격루에 관한 설명이 실려 있다.

조선의 국가 표준시계로 지정된다.

> 장영실이 아니면 만들기 힘들었을 것이다. 원나라의 자동 물시계도 자격루
> 에는 미치지 못할 것이다. — 세종 15년(1433) 9월 16일

세종은 진심으로 장영실이 아니면 자격루를 만들기 힘들었을 것이
라고 극찬했다. 자동 물시계 개발로 장영실은 세종의 이상을 구현하
는 위대한 손으로 거듭났다.


## 세종의 손이 되다

장영실이 개발한 자격루는 경복궁 경회루 남쪽에 세운 보루각 안에 설
치되어 있었다. 시간이 한 치의 오차도 없을 정도였다고 하니 장영실
의 기술 수준을 가히 짐작할 만하다. 중국 유학 당시 관노 신분이었던
장영실은 자격루를 개발한 직후 정4품인 호군(護軍)으로 승진한다. 그
렇다면 장영실은 언제, 어떻게 노비 신분에서 벗어난 것일까?

장영실이 궁중 기술자로 첫 발을 내디딘 것은 1412년, 태종 12년으
로 실록에 나와 있다. 그가 언제 어디서 태어났는지에 대한 기록은
없다. 다만 《세종실록》에는 장영실의 아버지가 원나라 소항주 사람
이고 어머니는 기녀였다고 기록되어 있다. 19세기에 제작된 《아산 장
씨 세보》에는 장영실의 선조가 송나라 때 고려로 건너와 귀화한 것으

로 되어 있다. 장영실은 아산 장씨 8대
손으로 올라 있고, 그의 아버지 이름은
장성휘(蔣成暉)로 나온다.

《아산 장씨 세보》. 장영실은 아산 장씨
8대 손으로 올라 있다.

원나라 사람이었던 장영실의 아버지가
어떻게 조선 땅에 정착하게 됐을까? 귀
화인을 연구한 박옥걸 아주대 사학과 교
수는 고려 말에서 조선 초기에 원나라 기
술자들을 기녀와 결혼시켜 귀화시킨,
"국가가 그의 재주를 아껴서 머물러 있게 하고자" 했다는 실록의 기록
에 주목한다. 이를 토대로 장영실의 아버지도 귀화했을 가능성을 짚어
볼 수 있다. 박옥걸 교수는 장영실 아버지의 신분이라든가 직업은 밝
혀지지 않았지만 당시 시대적 상황으로 볼 때 국가의 적극적인 귀화정
책에 따라 조선 땅에 들어와 살게 됐을 확률이 높다고 설명한다.

장영실의 어머니는 동래현 관기였다. 아버지의 지위에 관계없이
어머니의 신분을 따라야 하는 것이 조선의 신분법이었다. 관기의 몸
에서 태어난 장영실은 동래현을 벗어날 수 없는 관노였다. 노비였던
장영실이 태종 때 궁중 기술자로 발탁된 것은 소문난 그의 손재주 덕
분이었다. 조선시대에는 각 도의 관찰사가 유능한 인재를 중앙에 추
천하는 도천법(道薦法)이라는 제도가 있었다. 그의 재능을 눈여겨본
관찰사를 만나면서 장영실의 삶은 새로운 길로 들어섰다. 여전히 노
비 신분이었지만, 궁중 기술자의 길은 장영실에게 무한한 가능성의
세계로 다가왔다.

장영실은 상의원 소속의 기술자로 선발돼 궁중 생활을 시작했다.

상의원은 궁궐에서 사용하는 각종 물품을 공급하고 곤룡포와 같은 임금의 옷을 담당하던 조선시대 관청이다. 손재주가 좋은 기술자들이 근무하는 곳인 셈이다. 상의원에서도 장영실은 민첩한 솜씨와 영리한 머리로 일찍부터 두각을 드러냈다. 세종이 그러한 장영실의 재능을 얼마나 아끼고 총애했는지 실록에 잘 나타나 있다.

공교(工巧)한 솜씨가 보통 사람보다 뛰어나므로 태종께서 보호하시었고 나

역시 아낀다. — 세종 15년(1433) 9월 16일

점차 장영실은 세종이 구상하는 도구나 기계를 실물로 구현하는 세종의 손이 되었다. 장영실의 중국 유학을 결정할 당시, 세종은 장영실을 자신의 과학 정책을 담당할 기술 관료로 키울 계획을 가졌던 것으로 보인다. 대신들 앞에서 세종이 그런 마음을 드러낸 것은 장영실이 귀국한 직후인 세종 4~5년경이다.

세종: 장영실은 상의원 별좌에 임명하고자 하니 의논하라.

허조(許稠): 기생의 소생을 상의원에 임용할 수 없습니다.

조말생(趙末生): 이런 류는 상의원에 오히려 적합합니다.

세종: 두 의논이 일치되지 않으므로 내가 굳이 못하겠다.

— 세종 15년(1433) 9월 16일

이조판서 허조의 거센 반대로, 장영실을 면천시켜 상의원 별좌에 임명하려던 세종의 계획은 무산됐다. 그러나 세종이 포기한 것은 아

니었다. 실록에는 장영실이 자격루 개발에 매달리고 있던 세종 7년 (1425), 세종이 상의원 별좌직을 내린 것으로 되어 있다.

장영실은 신분에 구애받지 않고 능력을 중시하는 세종을 만나 관노에서 벗어났고, 자격루를 완성한 1432년에

장영실이 호군에 임명됐다는 실록의 기록.

는 정4품 호군의 관직에 올랐다. 그리고 불과 5년 뒤, 다시 종3품 대호군의 벼슬에 오르는 파격적인 승진을 거듭했다. 노비 장영실에서 대호군 장영실로 바뀐 것이다. 장영실은 세종을 만나 세종의 위대한 손이 되었고, 세종은 장영실을 만나 자신의 과학 정책을 마음껏 펼칠 수 있었다.

## 조선의 시계 제작 프로젝트

세종이 잠들어 있는 경기도 여주의 영릉에 설치되어 있는 천문과학 기기들을 보면 장영실의 손을 거치지 않은 것이 없을 정도다. 해시계인 앙부일구부터 천문 관측 시계인 혼천의, 지구와 별의 관계로 시간을 알 수 있는 일성정시의 등 조선의 천문과학 기기들은 대부분 세종 시대에 장영실의 손을 거쳐 제작된 것이다. 장영실은 수많은 과학적 업적을 어떻게 이루어낼 수 있었을까?

경기도 여주의 영릉 전경.

세종 14년(1432)은 장영실에게 특별한 해였다. 세종이 비밀리에 추진하는 천문의기 사업팀이 조직되었기 때문이다.

> 우리나라는 고제(古制)를 갖추고 있는데 유독 천문의기(天文儀器)만은 갖추어지지 않고 있다. — 세종 14년(1432)

천문이론을 분석하고 연구하는 일은 정인지(鄭麟趾)와 이순지(李純之), 정초(鄭招)가 담당했다. 장영실은 이천(李蕆)이 지휘하고 김빈(金鑌)이 참가한 천문관측 기구팀에서 제작 실무를 맡았다.

예정된 사업 기간은 7년. 세종이 이처럼 중대한 국책 사업을 비밀리에 추진한 이유는 명나라 때문이었다. 조선은 해마다 11월이면 동지사(冬至使)를 파견해 명나라 황제로부터 역서(曆書)를 받아오는 것이 관례였다. 그렇다면 세종은 왜 외교적 마찰 우려가 있는데도 독자

적인 천문관측 사업을 하고자 했을까? 장영실이
중국 유학에서 돌아온 세종 4년(1422)의 일식사
건에서 그 단서를 찾을 수 있다.

세종과 관료들은 일식 예보시간인 오시 사각
에 맞춰 소복차림으로 궁궐 뜰 앞에서 기다렸다.
하지만 일식은 예보된 시각보다 15분 뒤에야 일
어났다. 담당 관리는 예보가 15분 늦었다는 이유
로 곤장형 처벌을 받았다.

영릉에 있는 일성정시의.

> 일식을 예보하며 1각(刻)을 틀려 이천봉에게 곤장
> 을 쳤다. ─ 세종 4년(1422) 1월 1일

한국천문연구원의 시뮬레이션을 이용해 1422년에 일어난 일식 시
간과 정도를 정확히 알아보았다. 이때의 일식은 태양이 70퍼센트나
가려진 큰 일식이었다. 발생 시각은 12시 3분. 예보한 시각보다 정확
히 15분 뒤에 일어난 것이다. 이런 오차가 생긴 이유는 중국학자들이
계산한 달력을 가지고 일식 시간을 예측했기 때문이다. 북경과 서울
의 경도 차가 약 7도, 시간은 30분쯤 차이가 난다. 북경과 한양의 위
도와 경도가 다르기 때문에 북경에선 일식이 일어나도 한양에서는
일어나지 않을 수 있다. 그런데 중국의 역법에 맞춰 일식 예보를 하
다 보니 오차가 생길 수밖에 없었다.

실록에는 일식 예보가 어긋나 담당관원이 억울하게 처벌받은 기사
가 적지 않게 실려 있다.

일식 예보시간이 어긋나 직임을 다하지 못하다. — 태종 6년(1406) 6월 6일

그렇다면 조선에서는 왜 일식과 같은 천문현상 예보를 그토록 중요하게 여긴 것일까? 조선시대에는 일식을 하늘이 왕에게 내리는 경고의 메시지로 받아들였다. 정치를 잘하라는 메시지이자, 정치를 못했을 때 꾸중을 내린다는 의미이기도 했다. 그렇기 때문에 정확한 시간에 왕이 소복 차림을 하고 겸허하게 반성하는 의식인 구식례(救食禮)를 치렀는데, 구식례를 한다는 것은 왕이 하늘의 경고 메시지를 받아들일 준비이자, 반성하고 있음을 보여주는 것이다. 그러니 계산을 잘못해서 오보를 하면 왕이 하늘의 메시지를 받아들일 준비가 되어 있지 않다는 뜻이었다. 이는 결국 왕의 정당성까지도 위협받을 수 있는 아주 중대한 정치적 사건으로 비화한다.

세종 5년(1423)에 실시된 과거시험 책문에도 세종의 고민이 잘 드러난다.

재이(災異)는 모두 하늘의 감응이 있어서 온 것인가, 감응이 없이 자연히 온 것인가? — 세종 5년(1423) 3월 28일, 과거시험의 책문

그런 이유로 조선의 하늘을 관측해서 조선의 실정에 맞는 역법체계를 만들겠다는 세종의 원대한 구상에 장영실이 파트너로서 함께하게 된 것이다. 그즈음 장영실의 움직임을 보여주는 단서가 실록에 남아 있다.

천문 관측 사업팀의 가동을 앞둔 세종 12년(1430), 장영실은 또다

시 중국을 다녀온다. 사신단을 수행하는 종사관 자격으로 명나라에 다녀오던 중에 요동(遼東)에 잠시 들렀던 것으로 기록되어 있다. 문중양 교수는 "기술자인 장영실을 사신단에 파견했다는 것은 천문 관측기구 관련 기술을 배워오라는 뜻이다. 그 외에 장영실에게 주어진 다른 임무는 생각할 수도

원나라의 천문학자 곽수경 흉상.

없다"고 설명한다. 결국 장영실이 수시로 중국을 드나들며 세계적인 수준의 천문 관측기구들을 관찰하고 연구했음을 알 수 있다.

## 독자적인 《칠정산내외편》의 완성

중국 장쑤성(江蘇省) 남경(南京)에도 종합 천문대가 있었다. 13세기 후반 원나라의 곽수경(郭守敬)이 세운 자금산 천문대는 세계 최고 수준을 자랑한다. 곽수경은 이곳에서 중국 역법 중 가장 정밀하다고 알려진 수시력(授時曆)을 만들었다. 북경으로 수도를 옮겨간 명나라도 이천문대를 모델 삼아 관상대를 만들었다. 천체의 위치를 관측하는 '간의'도 곽수경이 아라비아의 천문기구를 참고해서 새롭게 고안한 것이다.

세종은 자금산 천문대를 능가하는 종합 천문대를 꿈꾸었다. 장영

실은 그런 세종의 뜻에 따라 당대 최고의 천문학을 접한 것이다. 세종의 천문 사업팀이 본격 가동에 들어간 것은 장영실이 귀국한 뒤다. 천문 관측기구 제작에 착수한 지 1년 만인 세종 15년(1433), 사업팀은 혼천의를 완성했다. 이론팀과 제작 실무팀이 합심해서 이뤄낸 첫 성과였다. 그 후 일성정시의, 간의대 등 다양한 관측기구들이 그들의 손을 거쳐 만들어진다.

혼천의는 물레바퀴로 움직이는 시계장치와 천체가 새겨진 기기 등으로 구성되어 있다. 북극성을 기준 삼아 천체의 위치와 시간을 측정할 수 있는 천문 관측 시계다. 이용삼 충북대 천문우주학과 교수에 의하면 혼천의는 실내에서도 천체의 위치를 파악할 수 있을 정도로 성능이 뛰어났다고 한다.

장영실의 손을 거쳐 일성정시의가 완성된 것은 세종 19년(1437). 일성정시의는 주야 겸용 천체시계다. 낮에는 해를, 밤에는 북극성을 기준 삼아 시간을 잴 수 있다. 모든 별은 북극성을 중심으로 하루에 한 바퀴씩 움직이기 때문에, 이것을 24등분하여 별이 한 시간 동안 움직이는 각도로 시간을 재는 것이다.

서울 계동의 보물 851호 관천대 유적. 조선의 하늘을 관측하던 간이 천문대다.

〈경복궁도〉에는 7년 동안 진행된 천문 사업팀의 성과가 고스란히 담겨 있다. 조선의 종합 천문대에 해당하는 간의대가 그것이다. 간의대가 설치된 곳은 나라의 경사가 있을 때 잔치를 열던 경회루 북쪽이

실록에 따라 간의대를 복원해놓은 것. 규모가 굉장하다.

다. 간의대의 완성으로 조선은 완벽한 종합 천문대를 갖추게 됐고, 한양을 중심으로 하늘의 움직임과 시간을 관측할 토대를 마련했다. 《세종실록》에 나오는 간의대 설계 내용을 보면, 높이가 9.5미터, 너비 10미터, 길이 14미터에 이르는 엄청난 규모다.

　세종 20년(1438)에 마침내 천문 관측기구가 모두 완성됐다. 이때부터 간의대에서 조선의 실정에 맞는 역법을 만들기 위한 천문 관측이 시작됐다. 이렇게 해서 탄생한 것이 우리 역사상 최초의 독자적인 역법인 《칠정산내외편七政算內外篇》이다. 《칠정산내외편》은 얼마나 정확했을까? 안영숙 연구원의 설명을 들어보자. "달력을 볼 때 가장 중요한 것은 일출과 일몰 시간, 일식, 월식이다. 이는 초 단위까지 정확히 측정할 수 있다. 놀랍게도 당시 계산한 것을 지금 환산해서 맞춰보면 그 값이 1분 정도 이내에서 맞아 들어갈 정도로 정확하다."

거기서 멈추지 않고, 장영실은 세종에게 바칠 또 하나의 선물을 남몰래 준비한다. 지금까지는 팀을 이루어 천문 관측기구들을 만들었지만, 이번에는 오로지 혼자 힘으로 구상하고 설계했다. 세종을 향한 자신의 마음을 오롯이 담아낸 마지막 작품, 바로 천상시계 옥루(玉漏)다.

> 농가 사계절의 모습을 그려 세웠고 조수·초목의 모양을 새겨 절기를 진열, 민생의 고초를 알게 했다. — 김돈, 〈흠경각기〉

옥루는 절기의 변화에 따라 농사짓는 풍경이 펼쳐지고, 12지신 인형이 시간을 알리는 자동 천문시계다. 하늘의 비밀을 관측해서 백성들에게 절기와 시간을 알려주고자 했던 세종의 통치철학을 구현한 것이었다. 장영실이 옥루를 완성하자, 세종은 비로소 7년 사업을 끝내게 되었다며 기뻐했다. 경복궁 서쪽 세종의 침전 옆에 흠경각(欽敬閣)을 세우고 옥루를 설치하는 것으로 장영실은 7년간의 천문 사업을 마무리 지었다.

장영실이 세종을 위해 설계하고 만든 천상시계가 설치되어 있던 경복궁 흠경각은 세종을 향한 장영실의 마음이 담긴 곳인 셈이다. 어쩌면 장영실의 삶에서 이 비밀 프로젝트에 참가한 7년이 가장 행복한 시기였을지도 모른다. 그 7년 동안 장영실은 많은 것을 해냈다. 하지만 장영실의 행복은 그리 오래 가지 않았다. 7년 프로젝트를 마무리한 지 불과 4년 뒤, 장영실과 세종을 갈라놓는 문제의 가마사건이 일어났기 때문이다.

# 장영실이 사라지다

세종의 온천행을 앞둔 세종 24년(1442) 3월, 장영실은 선공감(繕工監)에서 세종이 온천 행차 때 타고 갈 가마제작을 감독했다. 정밀기계를 만들어온 기술자답게 장영실은 빈틈이 없었다. 그런데 함께 가마제작을 감독한 대호군 조순생(趙順生)의 태도가 이상했다.

가마사건 조사보고서에는 장영실이 가마가 견고하지 않다고 하자, 조순생이 부서지는 일은 없을 것이라고 핀잔을 주며 우긴 것으로 나와 있다. 그러나 3월 16일, 시험운전을 하던 중 가마는 부서졌다. 영문을 알 수 없는 가마사건으로 장영실은 의금부로 끌려갔다. 그리고 이후 역사의 무대에서 돌연 사라진다. 세종에게 장영실이라는 존재가 더 이상 필요하지 않았던 것일까? 가마사건을 처리하는 과정에서 보여준 세종의 태도는 많은 의문을 갖게 한다.

> 장영실은 직첩을 거두고 대신 2등으로 감형하라. 임효돈(任孝敦)과 최효남(崔孝男)에게는 1등을 감형하고 조순생은 처벌하지 말라. ― 세종 24년(1442) 4월 27일

사헌부 지평들이 조순생만 처벌하지 말라는 세종의 결정에 부당하다며 건의했다. 그런데 세종은 의외의 답변을 한다.

> 순생의 일은 진실로 박강(朴薑)과는 다름을 그대들이 알지 못했을 뿐이다.
>
> ― 세종 24년(1442) 5월 6일

분명한 이유는 밝히지 않은 채 조순생을 벌주지 말 것을 지시한 것이다. 《장영실은 하늘을 보았다》의 지은이 김종록의 설명에 따르면, 조순생은 당시 가마를 맡아보던 관청인 사복시의 대호군이었기 때문에 실질적인 가마제작 책임자는 조순생이었는데도 가마사건 때 죄를 묻지 않았다는 것이다. 대신 장영실을 내치고, 조순생은 얼마 안 있다가 다시 복직시킨다. 장영실은 영원히 축출되고 말았다.

　　이상한 점은 또 있다. 장영실이 파면된 이듬해인 1443년 1월 14일, 세종은 느닷없이 간의대를 헐라고 지시했다. 신하들이 반대하자, 세종은 중국 사신의 눈에 띄지 않는 곳으로 옮겨야 한다고 답했다.

　　그렇다면 조선의 천문 사업을 명나라에서 눈치 채고 외교문제로 비화시킨 것은 아닐까? 《중종실록》에서 그 단서를 찾을 수 있다. 조선의 지도를 보내달라는 명나라의 요청에 경복궁 간의대가 지도에 들어 있는데, 어떻게 처리해야 할지 걱정하는 내용이다. 명나라와 사대교린의 관계로 출발한 조선의 입장에선 독자적인 천문의기 사업을 벌였다는 사실을 철저히 숨겨야 했다.

　　장영실을 파면시킨 어가사건이 세종이 비밀리에 추진해온 훈민정음 완성을 앞두고 일어났다는 점도 의혹을 더한다. 훈민정음의 사용을 반대하는 세력의 저항은 만만치 않았다. 최만리(催萬理)는 중국을 섬기는 처지에 한자를 버리고 새로운 글을 만드는 것은 오랑캐와 같아지는 일이라며 격렬하게 반대했다.

　　조선의 독자적인 하늘을 열고, 조선의 독자적인 글을 만드는 과정에서 가장 큰 걸림돌은 사대교린의 외교관계였다. 장영실을 역사의 무대에서 퇴장시킨 문제의 가마사건은 이러한 정치적 상황이 빚어낸 비극이 아닐까?

조선 지도에 경복궁 간의대가 있어 꺼린다[皆諱]는 중종 32년 실록의 기록.

세종은 끝내 장영실을 다시 부르지 않았다. 이후 실록에서 장영실의 이름은 더 이상 찾아볼 수 없게 된다. 다만《동국여지승람東國輿地勝覽》에는 장영실이 아산의 명신(名臣)이 되었다고 기록되어 있다. 장영실의 손을 떠난 자격루는 고장이 나도 고칠 기술자가 없었다. 그리하여 1455년 이후, 무려 15년 동안이나 사용이 중단되기도 했을 정도였다.

세종시대의 쟁쟁한 학자들이 만들어낸 이론은 장영실의 손을 거쳐 천문 관측기기로 제작됐고, 이는 조선의 독자적인 하늘을 여는 초석이 되었다. 의문의 가마사건으로 역사 기록에서는 사라졌지만, 장영실은 사라진 것이 아니다.

삶이 힘들고 고달플 때, 갈 길을 잃고 방황할 때 잠시 틈을 내어 밤하늘을 올려다보면, 400년 전 장영실의 삶을 이끌어주었던 밤하늘의 별이 여러분의 갈 길을 알려주는 안내자가 되어줄지도 모른다.

한국사傳 5

7

1930년대, 조선독립단의 사격 훈련장.

일흔이 넘은 나이로 훈련을 지휘하는 여성이 있었다.

조선독립단을 이끈 의병장 윤희순이다.

타국에서 40년 동안 끈질기게 항일투쟁의 선봉에 섰던

여성 의병장 윤희순은 누구인가?

# 붓과 총을 들었던
## 여성 의병장
### — 윤희순

"시대에 따라 매사 옳은 도리가 무엇인가를 생각하며 살아가길 바란다."
윤희순이 후손에게 남긴 이 말은
바로 그녀의 삶을 대변한 말이기도 하다.
조국의 위기를 맞아,
자신의 영달보다 조국과 민족을 위해
여성이라는 제약마저 던져버린 윤희순에게
나라보다 소중한 것은 없었다.

# 우리나라 최초의 여성 의병장

1930년대, 조선독립단에는 일흔이 넘은 나이
로 훈련을 지휘하는 여성이 있었다. 조선독
립단의 수장, 윤희순(尹熙順·1860~1935)이다.

그녀는 일제에 대한 경고문 〈왜놈대장 보
거라〉(1895)를 시작으로 의병대를 조직해 활
동한 우리나라 최초의 여성 의병장이자, 항
일투사였다. 그러나 우리에게는 조금 낯선

윤희순 초상화.

인물이다. 중국 랴오닝성(遼寧省)의 역사학자 자오원치(曹文奇) 교수는
윤희순에 대해 "조선족뿐만 아니라 한족에게도 매우 큰 영향을 미쳤
다. 한족과 소수민족들의 항일운동에 매우 고무적인 역할을 했다"고
평가한다.

윤희순은 죽기 전 자신의 생을 기록한 《일생록》을 비롯해 〈안사람
의병가〉와 같은 노래와 격문 등을 남겼다. 그가 남긴 글들에는 빼앗
긴 조국에 대한 울분과, 남녀가 유별했던 시대적 한계를 극복하고자

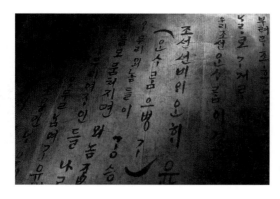

윤희순이 쓴 〈안사람 의병가〉.

했던 한 여성의 고뇌가 담겨 있다.

남녀가 유별한들 나라 없이 소용 있나.

의병하러 나가보세, 의병대를 도와주세.

— 1895년 을미의병(乙未義兵) 당시 윤희순이 지은 〈안사람 의병가〉

강원도는 한말 의병운동이 활발했던 지역이다. 춘천시 강원대박물
관에는 유인석(柳麟錫), 유홍석(柳弘錫) 등 쟁쟁한 의병장들의 유품과
함께 윤희순의 것도 전시되고 있다. 윤희순은 〈안사람 의병가〉를 비
롯해 8편의 의병 노래와 4편의 경고문 등 총 16편의 글을 남겼다. 윤
희순기념사업회의 박찬옥 교수는 당시 〈안사람 의병가〉는 노동요나
〈아리랑〉, 특히 〈춘천 아리랑〉 등의 곡조에 가사를 붙여 불렀을 것으
로 추정한다.

19세기 말 규중 여인들의 한글 양식이 그대로 남아 있는 윤희순의
글은 1895년 명성황후 시해를 계기로 등장한다. 이때 윤희순의 나이

서른여섯 살, 살림만 하던 평범한 아낙네인 그가 일제의 만행을 고발하고 의병대를 조직하고자 붓을 들고 글을 써나갔다. 당시 시와 소설을 짓는 여성은 있어도 사회참여의 도구로 글을 쓴 여성은 없었다. 이로써 보수적인 유학자 집안의 맏며느리였던 윤희순은 풍전등화와 같은 조국의 위기 앞에서 항일투사로 변모하게 된다.


## 신혼 첫날밤의 화재

강원도 춘천시 남면 발산리. 지금이야 길이 잘 닦여 있지만 예전에는 굽이굽이 고개를 한참이나 넘어가야 하는 산골 오지였다. 이곳에서 산을 개간하고 농사를 짓던 고흥 유씨네가 윤희순의 시집이었다. 윤희순이 1875년부터 1911년까지 거주했던 집에는 아직도 고흥 유씨

윤희순이 거주했던 집 전경.

시아버지 외당 유홍석.

후손들이 살고 있어 항아리 등 윤희순이 살림하던 흔적을 쉽게 찾아볼 수 있다.

1875년, 윤희순은 열여섯의 나이에 한양에서 춘천으로 시집을 온다. 유서 깊은 한양 해주 윤씨네 맏딸인 윤희순이 한 살 위의 유제원(柳濟遠)과 결혼을 한 것이다. 양가 아버지가 동문수학한 인연으로 부부의 연을 맺었다.

시아버지 유홍석은 친정아버지 윤익상(尹翼商)과 화서학파(華西學派) 동문이었다. 화서학파는 화서 이항로(李恒老)의 제자와 문인들이 주축이 되어, 성리학의 대의명분론에 따라 세도정치와 서학, 개화사상에 반대하여 상소운동, 항일 의병운동 등을 일으켰다. 그들은 벼슬자리에 나가는 대신, 위정척사 운동을 활발히 전개했다.

서양 문물로부터 조선의 전통을 지키려 했던 화서 이항로의 사상은 유인석과 유홍석을 거치면서 일본을 등에 업은 개화파를 반대하는 운동으로 확대됐다. 유홍석은 〈척왜문斥倭文〉을 작성하고 상소를 올리는 등 반외세 운동에 적극 앞장섰다.

독립기념관 연구원 박민영 박사는 화서학파의 학문적인 특성이자 사상적 기제가 '춘추대의적 존화양이론(尊華攘夷論)'이라고 설명한다. 화서학파는 의리와 명분을 금과옥조로 여겼다. 또 일제 침략이라는 시대 상황에서 '사람으로 남느냐, 짐승으로 변하느냐'라는 절박한 존재론적 질문을 던지며, 일제 침략 세력과의 타협을 거부했다. 일제에

178

동조하는 자들은 사람이기를 포기한 세력이라고 규정한 것이다. 윤희순이 후에 적극적인 항일투사가 된 데는 이런 가풍이 큰 영향을 미친 듯하다.

윤희순이 시집온 그날 밤, 한양서 온 새댁을 구경하기 위해 동네 사람들이 모여들었다가 그만 초가에 불이 붙고 말았다. 아직 족두리도 풀지 못한 새댁을 먼저 피신시키고 마을 사람들 모두가 불을 끄기에 여념이 없었다. 그런데 그 모습을 지켜만 볼 수 없었던 윤희순은 족두리와 저고리를 벗어던지고 직접 물 단지를 들었다. 후손인 유연호 씨는 신혼 첫날밤의 그 사건이 윤희순의 기구한 운명을 예고한 듯하다고 말한다.

열여섯 새색시의 결혼생활은 쓸쓸했다. 당시 자신의 처지를 윤희순은 "짝 잃은 두견새 신세"라고 《일생록》에서 표현했다. 남편 유제원은 공부 때문에 오랫동안 집을 비웠고, 윤희순은 결혼한 지 20년이 지난 서른다섯에야 첫 아들 돈상(敦相)을 낳았다.

한편 일제의 조선 침략은 서서히 진행됐다. 1895년 명성황후가 살해되고, 이어 단발령이 실시되면서 팔도에서 의병운동이 일어났다. 외세로부터 조선의 유교적 질서를 지키려 했던 위정척사파들이 주축이 된 것은 당연했다. 윤희순의 시가였던 고흥 유씨 집안은 대표적인 위정척사 가문으로, 시아버지 유홍석은 〈고병정 가사告兵丁 歌辭〉를 짓는 등 춘천과 제천 의병운동을 이끈 핵심 인물이었다.

원영환 의암학회 회장은 "초기 춘천 의병이 강성했던 것은 바로 고흥 유씨와 이소응 같은, 덕과 학식을 갖추고 위정척사 사상으로 무장한 인물들이 있었기 때문"이라고 평가한다. 윤희순의 친척인 함안 이

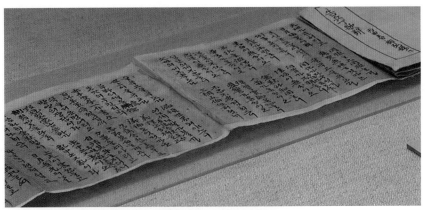

유홍석이 쓴 〈고병정 가사〉.

씨가 쓴 〈황골댁 편지〉(1896)에는 유홍석이 의병운동을 위해 집을 떠날 때의 상황이 잘 표현되어 있다.

윤희순: 아버님, 저도 데려가주십시오.

유홍석: 규중 여인으로 어찌 날 따르겠다고 하느냐. 내가 전장에 나가 생사를 알지 못하니 자손에게 힘쓰고 조상을 잘 돌보거라.

— 〈황골댁 편지〉 중에서

'규중 여자', 그것이 윤희순이 전장에 나갈 수 없는 이유였다.

가시는 모습을 바라보다가 산으로 올라가 단을 모으고 전장에 나가신 시아버님이 이기게 해달라고 축원을 하였다. —《일생록》중에서

윤희순은 단을 쌓고 치성을 올리는 것으로 마음을 대신해야 했다. 하지만 내면에는 직접 행동에 나서야겠다는 의지가 꿈틀대고 있었다. 그 후 윤희순은 서서히 여성의 목소리로 국권 수호와 외세 배격을 외치기 시작한다.

## 조선의 안사람들아, 총궐기하라!

남자들이 전장에 나간 사이 집안 살림은 윤희순의 몫이었다. 생계는 숯을 구워 팔아 근근이 유지할 수 있었다. 그리고 시아버지가 떠나고 얼마 뒤, 동네에 의병들이 들어오자 윤희순은 그들의 끼니를 해결해준다. 너나없이 힘들던 시절이지만, 시아버지를 생각하면 굶주린 의병을 모른 척할 수 없었던 것이다. 심지어 조상 제사를 위해 비축해둔 쌀까지 몽땅 털어서 의병들에게 밥을 해주었다.

소극적으로 의병들을 돕던 윤희순은 차츰 붓을 들고 일제에 대한 울분을 토해내기 시작한다. 글을 통해 나랏일에 동참하리라 마음먹고, 먼저 왜놈 대장과 일제 앞잡이들에게 보낼 경고문 〈금수들아 받아보거라〉를 작성했다.

금수보다 못한 인간들아, 너희 부모 살을 베어 남을 주고도 너희 부모는 살 수 있나. …… 왜놈의 앞잡이 놈들, 참으로 불쌍하고 애달프다.

―〈금수들아 받아보거라〉

윤희순 작(作)이라고 쓴 친필 글씨.

글은 강경하고 분노에 차 있다. 정금철 강원대 국문학과 교수는 "글 속에서 욕설과 비어, '오랑캐놈들', '왜놈들'과 같은 일상적인 단어를 사용하면서도 강압적이고 남성적인 목소리를 거침없이 내고 있다"고 평한다. 그리고 윤희순은 글 마지막에 항상 잊지 않고 자신의 이름을 적었다. 의암댁 며느리도, 한양댁도 아닌 조선 안사람 '윤희순'이었다. 정금철 교수는 이를 두고 스스로의 선택에 의해 능동적이고 주체적으로 이 글을 쓰고 있음을 명백히 밝히고 있는 행위라고 보았다. 자신의 강직한 성품을 주저하거나 감추지 않고, 글로써 항일운동을 선택한 것에 대한 책임감이 느껴진다.

그날 이후 윤희순은 남녀가 유별해도 나라 없이 소용없으니, 우리 안사람도 의병하러 나가자는 선전·선동가인 〈안사람 의병가〉를 부르며 의병대를 모으러 다녔다.

아무리 왜놈들이 강성한들
우리들도 뭉쳐지면 왜놈 잡기 쉬울세라.
아무리 여자인들 나라 사랑 모를쏘냐.

아무리 남녀가 유별한들 나라 없이 소용 있나.

남녀가 유별해도 나라 없이 소용없으니

우리도 나가 의병하러 나가보세.

우리도 나가 의병하러 나가보세.

— 〈안사람 의병가〉

하지만 주위의 반응은 싸늘했다. 집안 남자들이 모두 의병으로 나서자 혼자 기다리던 며느리가 미쳤다며 동네 사람들이 수군거렸다. 보다 못한 주변에서 집안 어른께 걱정의 편지를 보낼 정도였다.

저녁이고 낮이고 밤낮없이 소리를 하는데 부르는 소리가 왜놈들이 들으면 죽을 소리만 하니 걱정이로소이다. 꼭 실성한 사람 같사옵고 하더니……

요사이 윤희순이 누구냐고 묻는 사람이 있으니 조심하라 일러주옵소서.

— 〈황골댁 편지〉 중에서

하지만 윤희순은 개의치 않았다. 윤희순의 노래에 동조하는 여성들도 늘어났다. 하나둘 노래를 따라하더니 1907년 정미의병 때는 30여 명의 여성 의병대가 조직되기에 이르렀다.

정미의병 당시 유홍석은 춘천시 남면의 여의내골 일대에서 의병 600여 명과 훈련을 했는데 윤희순의 여성 의병대도 적극 가담했다. 유연호 씨가 전해들은 바에 의하면, 윤희순이 고개를 넘어다니면서 여자들을 군사 훈련시켰는데, 주로 창으로 일본군을 찌르는 연습을 했다고 한다.

윤희순이 이끄는 여성 의병들은 특히 탄약 제조의 숨은 공신이었다. 화약의 재료인 초석(礎石)이 부족해 소변까지 끓여가며 의병들을 위한 무기와 탄약을 마련했다.

> 안사람 노소 할 것 없이 수천 명이 모여 놋쇠를 모으고 소변을 달여 화약도 만들었습니다. ― 윤희순이 재종 시동생에게 보낸 편지 중에서

윤희순은 이제 여성 의병대를 이끄는 의병장이 되었다. 하지만 객관적인 전력의 열세는 어쩔 수 없었다. 신식 무기로 무장한 일본군들의 화력은 압도적이었다. 패전 소식이 잇따라 들려왔다.

> 각처에서 의병이 일어났지만, 왜놈은 강성하고 의병은 쇠약했다. 곳곳에서 패잔병과 청년들이 모이던 중 합방이 되니 크게 울음소리가 진동했다.
>
> ―《일성록》중에서

결국 한일합방이 이루어지자 유홍석은 오랑캐를 받들 수 없다며 자결을 결심하지만 아들 유제원을 비롯해 가족들의 만류로 중국 망명길을 택하게 된다. 시아버지를 따라 윤희순도 길고 긴 항일투쟁의 길로 들어섰다.

## 의병대장에서 항일투사로

망명길은 출발부터 순탄하지 않았다. 1911년, 먼저 중국으로 건너간 시아 버지와 남편을 따라 망명을 준비하던 윤희순에게 시련이 다가왔다. 서른 살이 넘어 어렵게 낳은 아들 돈상을 볼모로 잡은 순사들이 시아버지 유홍 석의 근거지를 대라며 매질을 했다. 나중에 아들 돈상이 꼭 죽는 줄로만

윤희순 일가가 망명한 이동경로.

알았다고 고백한 일촉즉발의 위기 상황에서, 윤희순은 아들이 죽더 라도 시아버지의 거처를 댈 수 없다고 단호히 대처했다. 이처럼 투철 한 항일의식을 가지고 만주 망명길에 오른 윤희순 일가는 죽음보다 힘겨운 독립운동을 전개해나가기 시작한다.

첩첩산중인 중국 랴오닝성은 한일합방 이전부터 한민족의 항일 근 거지였다. 1911년, 윤희순과 유씨 일가 45가구는 지금의 랴오닝성 평 정산 고려구에서 첫 망명생활을 시작했다.

만주 지역 항일투쟁사를 연구하는 재중동포 역사학자 김양 교수는 1994년부터 윤희순 연구에 전념하여 《불굴의 항일투사 윤희순》 등의 저서를 결과물로 내놓았다. 김양 교수는 윤희순의 항일독립운동 사 적 발굴은 하늘의 별따기라고 설명한다. 윤희순의 중국 항일투쟁 기 간은 25년이나 되지만, 일제의 발이 닿지 않고 체포 위험이 적은 곳 으로 가서 항일운동과 계몽운동, 모금운동을 벌였기 때문이다.

고려구에 정착한 한인들의 모습.

깊은 산중에 터를 잡았으니 일제로부터는 안전했지만, 먹고 살기가 쉽지 않았다. 그곳에는 '고려구'라는 이름이 붙을 정도로 많은 조선인들이 살고 있었는데, 그들은 부족한 식량문제를 해결하기 위해 황무지를 개간하고 강물을 끌어들여 벼농사를 지었다. 그때까지 밀, 콩, 옥수수를 주식으로 하던 한족(漢族)에게는 새로운 농경법이었다. 윤희순 역시 쌀농사 기술을 전수하며 식량을 해결하고 정착 기반을 마련했다.

한편 마을에 조선인들이 늘어나면서 문제가 생겼다. 글을 모르는 사람들이 많다 보니 조선에서 온 편지들이 이 사람 저 사람 손을 거쳐 돌아다니곤 했는데 그중엔 독립운동과 관련된 중요한 정보들도 있었다. 이로 인해 윤희순은 교육의 필요성을 통감하고, 학교를 세울 것

186

노학당 터에 세워진 기념비와
남아 있는 주춧돌.

을 결심한다.

지금의 중국 랴오닝성 환인현 남괴마자 마을은 비교적 교통이 편리하고 인근에 조선인들이 많아 항일운동이 활발했던 지역이다. 1912년, 윤희순은 이곳에 노학당(老學堂)을 설립했다. 유인석, 유홍석 등이 의병활동을 하는 곳이 멀지 않았기 때문에, 여기에 학교를 세워 항일 인재를 양성하면 여러모로 도움이 될 것이라고 판단한 것이다.

노학당은 독립투사들이 세운 동창학교(東昌學校)의 분교였다. 이곳을 거쳐간 학생들은 50여 명으로, 교장이 된 윤희순은 주로 반일 사상을 고취시키는 데 힘썼고, 동창학교 선생들이 국어, 산수, 역사 등을 가르쳤다. 당시 노학당의 명성은 북한 지역에까지 알려졌다.

현재 남괴마자 마을에 살고 있는 재중동포 정종복 씨는 윤희순에 대해 어떻게든 일본을 내쫓고 독립을 해야 한다고 주장한 사람이라고 기억한다. 또한 재중동포 김영순 씨는 북한 지역 독립단에 있던 시아버지가 윤희순의 명성을 듣고 이곳에 왔으나 이미 윤희순이 다른 곳으로 떠나버려 뜻을 펼치지 못했다는 말을 전해들었다고 한다.

푸순으로 옮긴 윤희순 일가의 이동 경로.

그러나 1915년, 일제의 간섭으로 동창학교가 폐교되면서 노학당도 3년 만에 문을 닫고 말았다. 현재 노학당 자리엔 옥수수 밭이 들어서, 노학당의 흔적이라곤 담벼락과 주춧돌만 남아 있다.

노학당을 운영하며 항일투사로 변모해가던 이 시기에 윤희순은 개인적으로 큰 시련을 겪었다. 1913년에 시아버지 유홍석, 1915년에 유인석이 세상을 떠났고, 같은 해 10월 남편 유제원까지 잃었다. 윤희순은 조국 해방을 보지 못하고 눈을 감은 시아버지와 남편의 몫까지 다해 가족의 최고 어른으로 항일투쟁을 이어가야 했다.

노학당 폐교와 함께 윤희순은 항일 근거지를 푸순(撫順) 포가둔으로 옮겨, 1930년대 초반까지 이곳에 가장 오랜 기간 정착하며 항일운동을 펼쳤다. 랴오닝성 동북 지방의 탄광도시인 푸순은 일찍이 산업이 발달해 일제 침략의 주요 거점이 된 곳이었다. 또한 지금까지 조선족 예배당과 학교가 남아 있을 정도로 조선족이 많았으며, 그만큼 항일운동도 치열하게 전개되었다.

포가둔에 도착한 윤희순은 제일 먼저 중국인들을 찾아다녔다. 아직 일제의 침략을 받지 않은 중국인들은 일제의 만행과 제국주의에 대한 인식이 낮았다. 윤희순은 자신이 겪은 일들과 의병들의 활약상을 전해주며 함께 투쟁할 것을 독려했다.

윤희순이 정착했던 푸순의 조선족 마을에 남아 있는 조선족 예배당.

　랴오둥(遼東) 지역의 조선족 항일투쟁사를 기록한《동구적개同仇敵愾》를 보면 항일운동에 가담한 중국인 중에서 윤희순의 영향을 받은 사람이 적지 않았음을 알 수 있다. 이 책의 저자인 자오원치 교수는 "윤희순은 성격이 쾌활하고, 인내심이 강하며, 항일 정신이 매우 투철했다. 또한 늘 일본의 감시망 속에 있었고 항일 투쟁의 경험이 많았기 때문에 항일의식이 남달랐고 조선족과 한족이 연합해야 한다고 주장했다"고 전한다.

## 조선독립단을 결성하다

윤희순이 항일운동에 힘쓰고 있던 1920년, 만주에서 김좌진, 홍범도 장군에게 대패한 일본군이 옌볜(延邊)의 조선인들을 무차별적으로 보

포가둔 북산에 남아 있는 조선독립단 전투 훈련지 터.

복 살상하는 일이 발생했다. 이른바 경신년대토벌이다. 윤희순은 탄
압으로 위축된 독립운동을 살리기 위해 세 아들을 일선에 내보냈다.
아들들은 만주, 몽골을 누비며 흩어진 애국지사들을 조직했고, 1920
년에 윤희순은 이렇게 모인 한중 지사 180명과 함께 조선독립단을 결
성한다.

　윤희순과 아들 유돈상, 그리고 유돈상의 장인 음성국(陰聖國)이 조
선독립단의 공동 수장을 맡고 본격적인 무장 투쟁을 준비했다. 푸순
시 외곽의 포가둔 북산에는 조선독립단 전투 훈련지의 흔적이 남아
있다.

　무장투쟁의 중심엔 윤희순의 가족이 있었다. 윤희순의 큰아들 유돈
상, 둘째 아들 유교상은 물론, 사돈 음성국과 조카 류휘상, 며느리 원
주 한씨까지 남녀노소가 따로 없었다. 예순이 넘은 윤희순도 백발을
휘날리며 훈련에 참가했다. 유씨와 음씨 가족들로 구성된 이들을 주변

에선 가족부대라 불렀는데, 낮에는 농사를 짓고 밤이면 사격 연습을 하며 게릴라 활동을 전개했다. 유돈상은 조선독립단 학교를 세워, 반일사상뿐 아니라 사격술까지 가르치며 무장투쟁요원을 양성했다.

1932년, 조선독립단은 양세봉(梁世奉)의 조선혁명군과 합세해 푸순습격 작전에 참전한다. 당시 조선혁명군은 랴오둥 지역에서 일제를 상대로 혁혁한 전과를 올리고 있었다. 조선혁명군의 총사령관 양세봉은 중국의용군 총사령관 이춘윤과 한중연합군을 조직해 일제에 빼앗긴 무순을 되찾을 계획이었다. 거사일은 9월 15일, 푸순을 지나는 일본군의 철도 운수선을 목표로 삼았다.

자오원치 교수에 의하면 윤희순은 두 가지 방면으로 지원했는데, 하나는 의용군이 사용하는 군마(軍馬)의 사료용 풀을 보낸 것이고, 또하나는 양식을 지원한 것이다. 특히 선하이 철로 습격 때 부상자가 매우 많았는데, 윤희순은 이들의 상처를 치료해주고 돌봐주었다.

> 윤희순 할머니가 언젠가는 생명의 위험을 무릅쓰고 전선에 미음을 보낸 적이 있는데 자위군의 장교와 사병들은 이에 크게 고무되어 적들을 죽일 투지를 불태웠다. ─《둥구적개》

유돈상은 직접 참전하고 윤희순은 후방에서 지원했다. 이때 윤희순의 나이는 73세였다. 하지만 푸순 함락은 결국 실패로 끝났고 다음 날인 1932년 9월 16일, 참안대학살로 불리는 사건이 일어난다. 일제가 보복 조치로 3천이 넘는 백성들을 학살한 것이다.

# 불행한 시대, 빛나는 투지로 살다가다

1930년대 초반, 일제의 학살과 만행이 최고조에 달하면서 윤희순은 다시 한 번 봉성현 석성으로 거처를 옮기게 된다. 랴오닝성 일대에서 망명생활을 시작한 뒤 푸순에서 석성까지, 일평생 낯선 곳을 전전하며 쫓겨다녀야 했던 윤희순의 떠돌이 생활도 이제 끝이 보이고 있었다. 나라를 잃은 민족에게 유랑은 천형과도 같은 것이었고 일상적인 행복이란 감히 꿈꿀 수도 없었으니 윤희순에게는 살아 있는 것 자체가 슬픔이 되기도 했다.

> 이국만리 이내 신세 슬프도다 슬프도다.
> 어느 때나 고향 가서 옛말 하고 살아볼꼬.
> 방울방울 눈물이라 맺히나니 한이로다.

—〈신세타령〉 중에서

봉성현 석성 동고촌에 살고 있는 87세의 중국 노인 리더타이 씨는 어린 시절 들은 '여보 밥 잡숴, 여보 성냥 있소?' 같은 조선말을 기억하고 있다. 이곳에는 조선인들이 많이 거주했는데, 리더타이 씨는 그들이 항일투쟁을 했다고 회고한다. "조선 사람들로 이루어진 부대가 하나 있었고, 병사들도 많았다. 중국민들도 항일운동을 거들고 함께 싸우기도 했다."

1934년, 석성에서 돈상의 둘째 아들 연익이 태어났다. 윤희순과 가족들은 모처럼 긴장을 풀고 새 생명의 탄생을 기뻐했지만 행복은 오

래가지 못했다. 누군가의 밀고로 이
첩첩산중까지 일본군이 들어온 것
이다. 리더타이 씨가 목격한 바를
들어보자. "(일본 순사들이) 마을 구
석구석을 샅샅이 훑으면서 모두 나
오라고 했다. 반드시 나와야 한다,
사흘 안에 나오지 않으면 집을 모두
태워버리겠다, 라고 위협했다. 나는
그때 건넛 마을에 살고 있었는데 불
이 났다는 소리에 와보니 벌써 마을
이 불타고 있었다."

독립운동 근거지의 주민을 남김
없이 모두 죽이고[殺光], 남김없이

일제가 3천이 넘는 양민들을 무참히 학살한
참안대학살 관련 기록.

태우고[燒光], 남김없이 빼앗아간다[奪光]는 삼광정책에 따라 저질러
진 일제의 만행이었다. 불은 삽시간에 타올랐다. 남자들은 일본군을
피할 곳을 알아보러 다니느라, 집에는 여자들밖에 없었다.

> 불길 속에서 애 우는 소리가 들려서 정신없이 들어가 포대기째 안고 나와
> 보니 포대기도 아이도 모두 뜨겁더라. ─《일성록》중에서

가까스로 돈상의 아들 연익과 교상의 딸 영희를 구해냈지만, 불행
은 끝나지 않았다. 이듬해인 1935년 6월 13일, 유돈상이 처갓집에서
수십 명의 일경에게 체포되었다. 푸순 감옥에 투옥된 유돈상은 한 달

윤희순의 손자이자 유돈상의 둘째 아들 유연익 씨. 윤희순이 화재에서 구한 손자다.

이상 고문에 시달리다 그해 7월 순국한다. 윤희순의 손자로 화재 속에서 살아남은 유연익 씨가 전해들은 아버지 유돈상의 죽음은 참혹했다. 어찌나 칼로 찔렀는지 시신을 알아볼 수 없을 정도여서 찾는 데 애먹었다고 한다.

윤희순은 아들의 죽음 앞에서 절망했다.

차라리 내가 죽고 말면 오죽 좋겠습니까? 우리는 만리타국에서 누굴 의지하고 살며 연직이와 연익이 이 어린 것을 누구에게 맡기오리까.

—《일성록》중에서

60여 년 만에 고국에 돌아온 윤희순의 유해가 묻힌 묘 앞에서 손자 유연익 씨가 절을 하고 있다.

대의를 좇아 자신을 희생하고 살아왔던 반평생이었다. 하지만 시아버지에서 남편, 아들까지 삼대에 걸친 비극 앞에서 윤희순도 무너져 내렸다. 그렇다고 그렇게 굴복할 그가 아니었다. 아들 돈상이 죽은 뒤 윤희순은 다시 붓을 들었다. 자신을 비롯해 삼대에 걸친 항일투쟁사인 《일생록》을 집필한 윤희순은 돈상이 죽은 지 11일 뒤, 76세를 일기로 파란만장한 생을 마쳤다.

윤희순의 유해는 1994년, 중국 랴오닝성에서 춘천으로 이장됐다. 빼앗긴 나라를 되찾기 위해 투쟁했던 한 여성의 한 많은 삶은 60여 년 만에 광복 조국의 땅에 묻혀서야 끝날 수 있었다.

한국사傳 5

8

지금, 우리는 왜 다시 이순신을 주목하는가?

충무공 이순신,

우리 역사상 이처럼 높은 평가를 받으며

수많은 사람들이 추앙해온 인물도 드물 것이다.

최근 이순신이 남긴 《난중일기》 가운데

지금까지 알려지지 않았던 32일의 기록이

추가로 발견되어 학계의 비상한 관심을 받고 있다.

과연 어떤 내용이 담겨 있는 것일까?

# 배가 무너지면
# 조선도 무너진다
### —《난중일기》, 인간 이순신의 기록 I

**2008**년, 새로 발견된 《난중일기》는
임진왜란이 한창이던 1595년 을미년의 일기로,
인간 이순신의 고뇌와 심경이 솔직하게 담겨 있다.
이를 통해 우리는 영웅이기 이전에 한 인간이었던
이순신을 다시 만나볼 수 있다.

# 새로 발견된 《난중일기》 속 32일

충무공 이순신(忠武公 李舜臣 · 1545~1598)을 모신 아산 현충사는 한 해 수백만 명이 찾는 곳이다. 최근 현충사박물관에서 이순신의 《난중일기亂中日記》 32일치가 새로 발견되어 큰 관심을 끌었다. 새로 발견된 것은 《난중일기》와 《이충무공전서李忠武公全書》에는 없었던 것으로 《이충무공유사李忠武公遺事》 속에 들어 있다.

《이충무공유사》는 17세기 말, 이순신 관련 기록을 발췌하여 엮은 책이다. 모두 9장으로 구성되어 있는데 새로운 일기는 7장 일기초에 수록되어 있었다.

노승석 순천향대 이순신연구소 대우교수는 새로 발견된 일기에 대해, 충무공의 일상 속에서 개인의 감정을 토로한 구체적인 내용이라는 점에서, 장수이기 이전에 이순신이라는 한 인간의 내

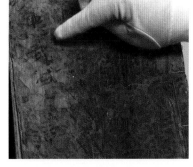

새로 발견된 일기가 들어 있는 《이충무공유사》.

면을 알 수 있는 좋은 자료라고 평가한다.

《난중일기》는 임진년부터 정유년 편까지 모두 일곱 권으로, 그 해의 간지를 딴 이름이 붙어 있었으나 정조 대《충무공이순신전서》를 엮으면서 '난중일기'라 부르기 시작했다. 새로 발견된 것은 임진왜란이 발발한 지 4년째 되던 해인 1595년 을미년의 일기다. 전란의 한가운데 있던 이순신 개인의 감정과 민감한 내용까지 그대로 기록되어 있다.

> 꿈에 아버님이 나타나셔서 "13일 날 혼례를 하는 것이 합당하지 못하다. 비록 4일 후에 장가를 보내더라도 해로울 것이 없느니라" 하고 말씀하시는 모습이 너무나 선명하게 보였기 때문에 그것을 홀로 앉아서 회상하노라니 아주 눈물을 금치 못한다. — 1595년 1월 12일

돌아가신 아버지에 대한 이순신의 간절한 그리움을 엿볼 수 있다. 그리고 지금까지 소개되지 않은 원균(元均)에 대한 이순신의 신랄한 평가도 있어 주목할 만하다.

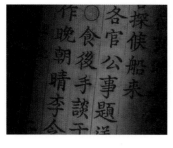

'바둑을 두었다'고 기록한 《난중일기》 부분.

> 하늘과 땅 사이에는 이 원균처럼 흉패하고 망령된 이가 없을 것이다. — 1595년 11월 1일

그렇다면 《난중일기》는 어떤 내용을 담고 있을까? 일기라는 명칭 그대로 날씨를 비롯해 그날그날의 상

황이 자세히 기록되어 있다. 또한 전쟁 직전의 준비 상황과 전황뿐 아니라 이순신 자신의 신상과 일상도 세세히 적혀 있다.

몸이 몹시 불편하여 온백원(溫白元) 네 알을 먹었다. — 1593년 5월 18일

이야기하며 술을 마셨다. — 1592년 3월 3일

바둑을 두었다. — 1593년 3월 12일

어머니의 안부를 알지 못하니 걱정이 되고 눈물이 난다. — 1595년 6월 4일

임진년 1월 1일부터 그가 전사하기 이틀 전까지 2539일 동안 무려 13만여 자에 이르는 방대한 기록인 《난중일기》. 이순신은 이 일기에 조선의 장수이자 한 인간으로서 겪어야 했던 모든 것을 기록했다.

## 임란 20여 일 만의 단독 출전

1592년 4월 13일, 임진왜란이 발발했다. 그러나 그날, 전라좌수사였던 이순신은 전쟁이 난 줄을 아직 모르고 있었다.

맑다. 동헌에서 공무를 본 후 활 15순을 쏘았다. — 1592년 4월 13일

화살 1순은 다섯 발이니, 이날 이순신은 모두 75발의 활을 쏘았다. 이순신이 활을 쏘고 있던 그때, 조선 침략을 엿보던 왜(倭)는 마침내 부산 앞바다에 도착, 상륙을 시도하고 있었다. 이순신이 왜군의 침략 사실을 안 것은 그로부터 이틀 후였다.

> 해질 무렵에 영남우수사(원균)가 통첩을 보냈는데 왜선 90여 척이 와서 부산 앞 절영도에 정박했다고 한다. ─ 1592년 4월 15일

상황은 급박하게 돌아가고 있었다. 비슷한 시각, 부산을 지키던 경상좌수사 박홍(朴泓)의 공문도 도착했다.

> 왜적 350여 척이 이미 부산포 건너편에 도착했다고 한다. 영남관찰사의 공문도 왔는데, 역시 같은 내용이었다. ─ 1592년 4월 15일

이순신은 즉시 조정에 장계(狀啓)를 올렸다. 그의 첫 번째 장계였다. 이순신은 전라좌수영의 전쟁 대비 상황을 보고했다.

> 삼가 사변에 대비하는 일로 아뢰옵니다. 신도 군사와 전선을 정비하여 바다 어귀에서 사변에 대비하면서 겸관찰사, 병마절도사, 우도수군절도사 등에게 급히 공문을 띄우고 각 고을과 포구에도 동시에 공문을 돌렸나이다.
>
> ─인왜경대변장(因倭警待變狀, 왜의 사변에 대비하는 장계)

4월 18일 일기에는 더 심각한 전황을 전하는 내용이 적혀 있다.

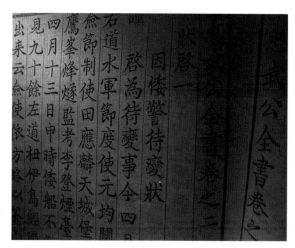

이순신이 조정에 올린
첫 번째 장계.

> 오후 2시경 영남우수사의 공문이 왔는데 동래도 함락되었고 양산, 울산 두
> 수령도 조방장으로서 성에 들어갔다가 모두 패했다고 했다. 분하고 원통함
> 을 이루 다 말할 수가 없다. ─ 1592년 4월 18일

조선이 처한 상황은 악화일로였다. 부산에 상륙한 일본군은 파죽
지세로 북상을 거듭했다. 급기야 4월 26일, 신립(申砬)의 조선 육군이
충주에서 대패했다.

4월 26일과 27일, 드디어 조정으로부터 이순신에게 '물길을 따라 출
동하여 적을 습격하고 경상도의 원균 부대와 합세하여 왜군을 공격하
라'는 공식 명령이 내려졌다. 이에 이순신은 휘하의 장수들에게 4월
29일까지 여수 본영으로 모이라고 명했다. 그러나 이순신은 4월 30일
이 되어도 출동하지 못했다. 이유가 4월 30일의 장계에 나타난다.

> 신의 외롭고 단출한 객지의 군사들은 경상도의 물길이 험한지 평탄한지 알

수 없으며 또 신의 소속 전선은 모두 합해도 30척도 되지 못하므로 세력이 매우 약한 형편입니다. 비록 사정은 다급하지만 구원선이 다 오기를 기다렸다가 전략을 의논한 후 출발하여 바로 경상도로 나갈 계획입니다.

— 부원경상도장(赴援慶尙道狀, 경상도로 출전함을 밝히는 장계)

이순신은 구원선, 즉 해남을 지키던 전라우수사 이억기(李億祺)의 부대를 기다리고 있었던 것이다. 조원래 순천향대 사학과 교수는 "1년 전 부임해온 이후 판옥선, 거북선 등을 만들며 준비를 많이 했는데도, 아직 주력 전선인 판옥선이 25척에도 미치지 못했던 상황에서 전라우수군과의 합세는 필수였다. 그런데 4월 30일까지 전라우수군은 도착할 기미가 없어 여러 문제를 생각해볼 때 출동할 수가 없었던 것"이라고 설명한다.

5월 1일에 이순신 휘하 전라좌수영 장수들이 의기충천하여 여수에 모였다.

진해루에 앉아서 방답첨사, 흥양현감, 녹도만호 등을 불러들였다. 모두 격분하여 제 한 몸을 생각하지 않으니 실로 의사들이라 할 만하다.

— 1592년 5월 1일

그런데 5월 2일, 이순신은 놀라운 보고를 받는다. 남해도 지역으로 보냈던 순찰대의 보고였다.

남해현령, 미조항 첨사, 상주포, 곡포, 평산포, 만호 등이 왜적 소식을 한 번

듣고는 벌써 달아났고 무기 등 온갖 물자도 모두 흩어져 남은 것이 없다고 했다. 참으로 놀랄 일이다. —1592년 5월 2일

보고에 따르면 경상우수사 원균이 지켜야 할 남해의 수군들은 모두 도망쳤다. 이런 상황에서 여전히 전라우수사 이억기 부대는 오지 않고 있었다. 그가 얼마나 이억기를 간절히 기다렸는지 5월 3일자 일기에 잘 나타나 있다.

판옥선이 첩입군을 싣고 오는 것을 보고 우수사가 온다고 기뻐하였다. 그러나 군관을 보내어 알아보니 방답의 배였다. 아연함을 이길 수가 없다.

—1592년 5월 3일

이때 휘하 장수인 녹도만호 정운(鄭運)이 이순신을 만나기를 청했다. 망설이던 이순신에게 출동을 촉구하기 위해서였다. 주저하던 이순신은 마침내 결단을 내리고, 중위장 등과 함께 다음날 새벽 출전을 약속한다. 조정의 공식 출전 명령은 떨어졌으나 오지 않는 구원병 때문에 고심하던 이순신이 전쟁 발발 20여 일만에 드디어 단독 출전을 결심한 것이다. 그러나 결과는 장담할 수 없었다.

곧바로 왜적의 소굴을 짓이겨서 요망한 기운들을 쓸어버리고 나라의 부끄러움을 만분의 하나라도 씻고자 합니다. 성공과 실패, 잘되고 못되는 것이야 신으로서는 미리 헤아릴 수 있는 일이 아니옵니다. —부원경상도장

## 옥포에서 첫 승리를 거두다

5월 4일 새벽, 결국 24척의 판옥선과 협선 15척 그리고 어선 46척으로 이루어진 불안한 전라좌수군의 단독 출동이 이루어진다.

여수를 출발한 이순신 함대는 남해를 돌아 통영의 당포와 한산도를 거쳐 거제의 옥포에서 처음으로 왜군과 마주쳤다. 그리고 5월 7일, 옥포에서 첫 해전이 벌어졌다. 결과는 조선 수군의 압승이었다. 이미 선조가 전황의 불리함을 보고 한양을 비운 상황에서 거둔 쾌거였다. 26척의 왜선을 격침시키고, 최소 2천 명에서 최대 4천 명의 왜군을 수장시켰다. 이어 합포와 다음날의 적진포에서도 승리를 거뒀다. 첫 출동 이틀 만에 치른 세 번의 전투에서 모두 40여 척의 적선을 격침시킨 대승이었다.

반면 전라좌수군의 피해는 미미했다. 전사자 없이 부상자 1명만

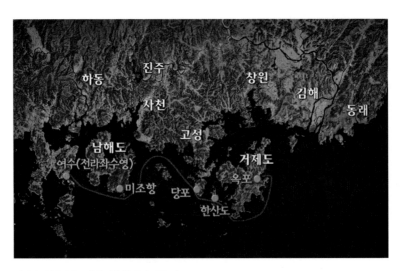

전라좌수영에서 옥포까지 전라좌수군의 이동 경로.

발생했을 뿐이었다. 첫 전투에서 압승을 거둔 이순신은 자신감에 넘쳤다.

> 적들은 일거에 무너져 흩어져서 바위 언덕으로 기어올라갔는데 뒤떨어질까 겁낸 것 같았습니다. 왜적이 만일 배를 타고 본도로 나타난다면 신이 나가서 수전으로써 죽기를 작정하고 막아낼 것입니다.
>
> — 옥포파왜병장(玉浦破倭兵狀, 옥포해전 승전 보고 장계), 5월 10일

　불안한 단독 출전이었지만 이순신은 압승을 거뒀고, 이로써 자신감을 얻어 전승을 위한 발판을 마련했다. 이후 계속되는 이순신 부대의 승전보는 철저한 전쟁 준비에서 비롯된 것이었다.

## 임란을 간과하는 조정, 초조한 이순신

그렇다면 조선 수군이 승리를 거둔 그 시점에 다른 지역의 상황은 어떠했을까? 2007년 6월, 부산 지하철 3호선 수안역 공사현장에서 임진왜란 초기, 처참했던 조선군의 상황을 보여주는 흔적들이 발굴됐다. 1592년 4월 15일에 동래성 전투가 벌어졌던 동래산성 아래쪽에서 당시의 것으로 보이는, 깨어진 투구 등 수많은 전쟁 유물이 나온 것이다. 유골들도 함께 발굴됐는데 그 상태가 특이하다. 김재현 동아대 고고미술사학과 교수는 유골들이 파손된 부분들은 칼이나 예기에

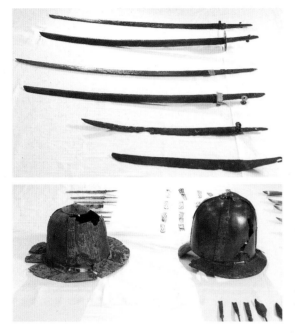

부산에서 발굴된
동래성 전투 유물들.

의해 매끈하게 잘려나간 것이라고 추정했다.

또한 노소(老少)를 가리지 않고 많은 여자들의 인골과, 10대 초반 청년들의 유골이 아주 다양하게 나왔다. 이러한 흔적들을 통해 당시의 전투가 얼마나 긴박하고 처절했는지 알 수 있다.

개전 초기, 조선은 20일 만에 도성을 함락당했다. 왜의 침략에 대비하지 못했고, 전력 또한 열세를 면치 못했던 것이다. 사실 전쟁이 일어날 것이라는 소문은 이미 1년 전부터 나돌았다. 실록에도 관련 기록이 있다.

왜노(倭奴)들이 중국을 침범하겠다는 말을 유구(琉球)에도 퍼뜨리고 또 "조선도 이미 굴복하여 300인이 항복해 왔는데 지금 배를 만들어 그들을 향도

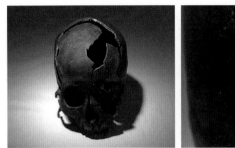

동래성 전투 현장에서 발굴된 유골과 유골에 남은 칼 자국(추정).

(嚮導)로 삼을 것이다" 하였다. 유구에서 그 말을 중국에 보고한 까닭
에……. — 선조24년(1591) 10월 24일

　즉 일본의 명나라 침범 계획이 유구국(오키나와에 있던 옛 왕국)까지
퍼져 있으며, 조선도 일본에 굴복하여 명나라 침범을 도울 것이라는
말이 나돌았던 것이다. 이렇듯 전쟁 기운이 감지되고 있었는데도 조

전라좌수영이 있던 여수 진남관 전경.

정에서는 엉뚱하게도 수군 폐지를 논의하고 있었다.

> 왜적들이 해전에는 능하지만 육지에 오르기만 하면 민활하지 못하다고 하
> 여 육지 방비에 전력하기를 주청하고 또 대장 신립도 수군을 철폐하자고
> 청하여……. ─《선묘중흥지宣廟中興誌》

조정은 왜적들을 육지에서 막는 것이 효과적이라고 판단하고 있었
다. 신립 장군조차 수군을 철폐하자는 주장을 펼쳤다. 그러나 이순신
의 생각은 달랐다.

> 해적을 막는 데는 해전이 제일이므로 수군을 결코 폐하여서는 안 됩니다.
>
> ─이순신 장계, 《선묘중흥지》

높아가는 전쟁 기운과 육전만 준비하는 조정의 전략 때문에 이순
신은 초조했다. 이렇듯 전혀 전쟁 대비가 없었던 조선이지만, 전라좌
수영이 있던 여수에서는 다른 움직임이 있었다. 1591년 2월, 전쟁이
나기 1년 2개월 전에 전라좌수사로 부임한 이순신이 즉시 전쟁 준비
에 착수했던 것이다.

> 동헌에 나가 별방군을 점검하고 각 관아와 포구에 공문을 써 보냈다.
>
> ─1592년 1월 3일

이순신이 맡고 있던 지역은 5관 5포로, 현재 고흥에 해당하는 흥양

등 다섯 고을과 방답, 사도,
발포, 녹도, 여도의 다섯 포
구였다.

1592년 2월 19일, 이순신
은 휘하 포구의 순시에 나섰
다. 전라좌수영 본영인 여수
에서 출발, 섬과 해안지역을
돌아보는 순시 여정의 첫 도
착지는 백야곶이었다.

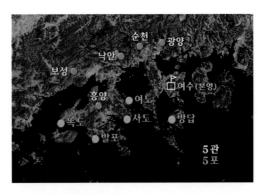
이순신 휘하의 5관 5포.

> 순시하러 떠나 백야곶의
> 감목관(말 목장 관리)이 있는
> 곳에 이르니 승평부사 권
> 준이 그 아우를 데리고 와
> 서 기다리고 있었다. 기생
> 도 왔다. ― 1592년 2월 19일

이순신의 포구 순시 경로.

때는 꽃피는 봄. 그날 산꽃이 피어 경치가 무척 아름다웠다고 이순
신은 일기에 적고 있다. 백야곶과 이목구미를 거쳐 고흥반도의 여도
까지, 9일간 진행된 순시의 목적은 각 포구의 군기 검열이었다. 이순
신은 군사들의 상태와 무기, 그리고 각 포구의 방어 시설들을 점검했
다. 이때 순시했던 곳 중의 하나인 발포에는 당시의 성곽 흔적들이
아직도 남아 있다. 이순신의 순시는 철저했다. 준비가 미비한 부하들

발포진 전경(위),
발포진 터(아래).

은 큰 곤욕을 치러야 했다.

> 여러 가지 전쟁 준비에 결함이 많아 군관과 색리에게 벌을 주었으며 첨사
> 를 잡아들이고 교수는 내보냈다. ─ 1592년 2월 25일

준비가 덜 된 지역에 대한 이순신의 걱정은 매우 컸다.

북봉에 올라가 지형을 살펴보니 외롭고 위태로운 섬인지라 사방에서 적의 공격을 받을 수 있고 성과 해자 또한 매우 엉성하니 참으로 걱정, 걱정스러 웠다. 첨사가 애는 썼으나 미처 시설하지 못했으니 어찌하랴.

— 1592년 2월 27일

이러한 이순신의 초조함과 걱정은 부하들에 대한 처벌과 독려로 이어졌다. 임무에 소홀한 부하들은 지휘고하를 막론하고 이순신의 엄한 처벌을 받아야 했다. 심지어는 승병(僧兵)들까지 곤장을 맞아야 했다.

방답의 병선 담당 군관과 아전들이 병선을 수선하지 않았기에 곤장을 때렸 다. — 1592년 1월 16일

석수들이 새로 쌓은 해자가 구덩이가 많이 무너져 벌을 주고 다시 쌓게 하 였다. — 1592년 2월 15일

승군들이 돌 줍는 것이 성실치 못하므로 우두머리를 잡아다가 매를 때렸 다. — 1592년 3월 4일

이 시기, 이순신은 또 하나의 비책으로 거북선을 준비하고 있었다.

오늘 거북선에 쓸 돛베 29필을 받았다. — 1592년 2월 8일

장계를 통해 이순신은 자신이 만든 거북선에 대해 상세히 보고하고 있다.

신이 일찍이 왜적이 쳐들어올 것을 염려하여 특별히 거북선이라는 것을 만들었는데, 앞에는 용머리를 설치하여 그 입으로 대포를 쏘고 등에는 쇠못을 꽂았으며 안에서는 밖을 내다볼 수 있으나 밖에서는 안을 볼 수 없게 했습니다. 그래서 수백 척의 적선 속이라도 돌진해 들어가서 대포를 쏠 수 있게 했습니다. ― 당포파왜병장(唐浦破倭兵狀, 당포해전 승전 보고 장계), 6월 4일

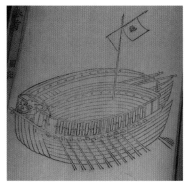
거북선 도면도.

이순신은 거북선과 판옥선을 만드는 여수의 선소(船所)에서 전쟁이 일어나기 하루 전날까지 총통 시험발사를 하며 거북선의 성능을 점검했다.

거북선에서 현자, 지자 대포를 쏘아보았다.

― 1592년 4월 12일

이 즈음의 일기에 또 하나 눈길을 끄는 기록이 보이는데, 바로 몸이 아팠다는 내용이다.

몸이 불편하여 아침 내내 누워 끙끙 앓다가 늦게야 동헌에 나가 공무를 보았다. ― 1592년 3월 21일

거북선을 만들었던 여수의 선소.

식후에 몸이 몹시 불편하더니 차츰 더 아파서 하루 종일, 또 밤새도록 신음했다. — 1592년 4월 2일

기운이 어지럽고 밤새도록 끙끙 앓았다. — 1592년 4월 3일

아침에는 통증이 조금 가라앉기 시작하는 것 같았다. — 1592년 4월 4일

이순신은 철저한 전쟁 준비와 가시화된 일본의 침략 분위기로 신체적, 정신적 스트레스가 극심했다. 이로 인해 건강 상태가 좋지 않았던 것이다. 전운을 감지한 이순신의 눈앞에 닥친 전쟁 준비 시간은 부족하기만 했다. 전라좌수사 이순신은 그래서 더욱 불안하고 초조했다.

# 한산대첩으로 전쟁의 흐름을 바꾸다

개전 초기, 단번에 무너진 조선 육군의 실체는 수군의 부담을 한층 가중시켰다. 그런데도 이순신은 전승의 신화를 이루어냈다. 이런 놀라운 연전연승의 비결은 바로 탁월한 전략과 전술이었다.

임진왜란 초기, 이순신이 바닷길을 막음으로써 일본군의 전략에는 큰 차질이 발생했다. 특히 보급이 문제였다. 이에 대해 역사연구가 나카니시 다케시 씨는 이렇게 설명한다. "예를 들어 200석을 실은 배 한 척이 평양에 도착하면, 고니시 유키나가(小西行長) 부대가 3일 동안 그것을 먹을 수 있었다. 하지만 만약 부산에서부터 같은 양의 식량을 육로로 운반하려면 말 500마리에 호위할 사람까지 필요했다. 수로가 막히니 이것이 문제였다."

보급로를 차단당한 일본군 수장 도요토미 히데요시(豊臣秀吉)는 특명을 내렸다. 세 장수에게 연합함대를 꾸려 조선 수군을 먼저 치라는 것이었다. 당시 진해 지역은 왜 수군의 전진기지 역할을 했다. 이 지역에 구키 요시타카(九鬼嘉隆), 가토 요시아키(加藤嘉明), 와키자카 야스하루(脇坂安治) 등이 도요토미의 명령에 따라 모였다. 그중 와키자카 야스하루가 단독으로 출동하여 거제도 북쪽에 상륙했다.

전라우수사 이억기 부대와 함

도요토미 히데요시 영정.

216

1592년 6월 11일부터 8월 23일까지 비어 있는 《난중일기》.

께 출동한 이순신은 노량에서 원균과 합류, 7월 8일에 드디어 한산해
전을 치르게 된다. 그런데 1592년 6월 11일부터 8월 23일까지의《난
중일기》가 빠져 있어서 이 시기 이순신의 행적은 조정에 올린 장계를
통해 알아볼 수밖에 없다.

와키자카 야스하루가 거느린 일본군은 통영과 거제 사이의 바닷길
인 견내량 북쪽에 진을 치고 있었다. 이순신 함대는 약 50여 척, 일본
군은 73척이었다. 수적으로 불리한 상황에서 이순신은 특별한 작전
을 구상했다.

> 견내량의 지형은 협착하고 또 암초가 많아서 판옥선처럼 큰 배는 서로 부
> 딪쳐서 싸우기가 어려울 뿐만 아니라 왜적들은 만약 형세가 궁해지면 바다
> 기슭을 타고 뭍으로 올라가겠기에 바다 가운데로 끌어내어 완전히 잡아버
> 릴 계획을 세웠습니다. ─ 견내량파왜병장(見乃梁破倭兵狀, 견내량해전 승전 보고 장계), 7월 15일

이순신은 먼저 5~6척의 판옥선을 보내 적을 선제 공격한 뒤 견내

컴퓨터그래픽으로 학익진을 재현한 모습.

량으로 유인했다. 나머지 함대는 양쪽으로 나누어 한산도의 섬 그늘
에 매복시켜두었다. 이순신의 작전에 걸려든 일본군들이 추격해왔
다. 이순신은 즉각 학익진(鶴翼陣)을 형성했다. 이순신의 작전은 주효
했다.

> 여러 장수들이 학의 날개를 편 듯한 모양의 진형을 이루어 일제히 진격하
> 라고 명령을 내리니 각각 지자, 현자 등 각종 총통을 쏘아대어 먼저 적선 두
> 세 척을 깨뜨렸습니다. ─ 견내량파왜병장

결과는 조선 수군의 압승이었다. 적선 73척 가운데 59척을 격침시
켰고, 9천여 명의 일본군이 전사했다.
한산해전 이틀 후 이순신 함대는 안골포에 나타났다. 이곳에 있던
왜선들을 일망타진하기 위해서였다. 그러나 포구에 깊숙이 처박혀

이순신이 제해권을 장악한 지역.

저항을 포기한 왜군을 치기란 쉽지 않았다. 안골포는 지형이 좁고 조수간만의 차가 심해 판옥선이 마음대로 움직이기 어려웠다. 그러나 어려운 상황에서도 이순신은 7월 10일부터 11일까지 이틀에 걸쳐 끈질기게 안골포를 공격했고, 역시 대승을 거둔다.

> 안골포 성 안팎으로는 흘린 피가 땅에 가득하여 곳곳이 붉게 물들어 있습니다. 왜적들의 사상자 수는 이루 헤아릴 수가 없습니다. ─ 견내량파왜병장

한산해전과 안골포해전의 승리로 이순신은 거제 동쪽까지 제해권(制海權)을 완전히 장악했다. 이로써 도요토미 히데요시의 조선 침략 계획은 사형선고를 받은 것과 마찬가지였다. 전쟁 상태는 계속되었지만 이미 승부가 난 셈이었다.

한산대첩으로 임진왜란 발발 3개월여 만에 전세를 역전시켰지만,

이순신은 여기에 만족하지 않았다. 전쟁을 완전히 끝내고 싶었던 것이다. 이순신은 최후의 일격을 준비하고 있었다. 1592년 8월 24일자 일기에는 그의 4차 출동이 기록되어 있다.

> 오후 4시쯤에 배를 출발시켜 노질을 재촉하여 노량 뒷바다에 이르러 닻을
> 내렸다. — 1592년 8월 24일

이번 출전의 목적지는 왜군의 본거지인 부산이었다. 육로를 따라 평양까지 진격했던 왜군은 이순신에 의해 해상 보급로가 완전히 끊기자 육군 일부가 후퇴해 부산으로 집결하기 시작했다. 이순신은 부산포의 왜적을 격멸시킨다면 전쟁 자체를 끝낼 수 있다고 판단했다. 조원래 교수는 "수륙 양면에서 왜군을 공격할 경우 전쟁을 종결시킬 수도 있겠다는 이순신의 종전 의도가 드러난 것"이라고 설명한다.

하지만 부산 공격은 쉽지 않았다. 이순신의 의도와 달리 조선 육군의 협공이 이루어지지 않았고, 일본군의 저항 또한 만만찮았다.

> 왜적들은 총을 잡고 활과 화살을 옆구리에 끼고 모조리 산으로 올라가서
> 여섯 군데로 나누어 진을 치고 아래를 내려다보면서 총알과 화살을 쏘아대
> 는데 마치 비 오듯 우박 쏟아지듯 했습니다.
>
> — 부산파왜병장(釜山破倭兵狀, 부산해전 승리 보고 장계), 9월 17일

일본군의 우수한 무기도 조선군에겐 큰 짐이었다.

때로는 큰 철환을 쏘았는데 그 크기가 모과만 했으며 또 굵은 자갈이 날아

왔는데 그 덩어리 크기가 사발만 한 것이 우리 배에 많이 떨어졌습니다.

— 부산파왜병장

조선 수군은 피해를 입었다. 6명의 전사자와 22명의 부상자가 발생

했다. 무엇보다 큰 손실은 이순신에게 첫 출전을 진언했던 녹도만호

정운의 전사였다. 이순신의 무과 6년 선배로, 이순신이 가장 아끼고

신뢰하던 장수이기도 했다. 1592년 초, 다섯 포구를 순시할 때도 그는

정운에 대해 높이 평가했다.

녹도만호의 애쓴 정성이 미치지 않은 곳이 없다. — 1592년 2월 22일

왕에게 올리는 장계에서도 이순신은 정운을 극찬한다.

그간 세 번 싸워 이길 때 매번 앞장섰고 부산의 큰 싸움에서도 몸을 가벼이

여기고 죽음을 잊어버리고 앞장서서 적의 소굴로 쳐들어가 하루 종일 싸웠

는데 힘껏 쏘아댔기에 적들은 꼼짝도 못하였습니다. 이는 오직 정운의 힘

이었습니다.

— 청정운추배리대원사장(請鄭運追配李大源祠狀, 정운의 사당을 지어줄 것을 요구하는 장계)

이순신은 정운의 전사를 매우 애통해하며 그의 사당을 지어줄 것

을 선조에게 요청했다.

배를 돌릴 무렵 탄환에 맞았는데 그 늠름한 기운과 맑은 혼령이 부질없이 사라져 후세에 알려지지 못한다면 이야말로 지극히 애통한 일입니다.

— 청정운추배리대원사장

정운과 같은 장수들의 희생에 힘입어 부산해전 역시 압승이었다. 적선 470여 척 중에서 120여 척을 격침시켰다. 왜 수군 전투력의 4분의 1을 쳐부순 것이다. 이후 왜군은 더 이상 전선을 확대하지 못했다. 한산대첩과 부산해전의 승전은 전쟁의 물줄기를 완전히 돌려놓는 계기가 되었다. 치밀한 전략, 전술 그리고 결단으로 거둔 이순신의 승리였다.

이후, 임진왜란은 사실상 끝이 났다. 왜군은 남쪽으로 내려가 성을 쌓고 길고긴 농성에 들어갔다. 이순신은 절대적 열세에 놓여 있던 전황을 역전시켜 왜의 침략 야욕을 꺾어버린 것이다. 이제 이순신은 일본이 가장 두려워하는 장수가 되었다.


## 예민하고 여렸던 인간 이순신

연전연승의 신화로 우리에게 강인한 장수의 이미지로 기억되는 이순신이지만, 전쟁 중에 그가 겪은 아픔과 고통에 대해서는 잘 알려져 있지 않았다. 이순신은 장수이기 이전에 한 여자의 아들이었고, 지아비였으며, 아버지였다. 《난중일기》 곳곳에는 가족들에 대한 걱정과 희생당한 부하들에 대한 애틋함이 잘 남아 있다. 이순신의 예민한 감수성도 엿볼 수 있다.

부산해전 이후 이순신은 녹도만호 정운을 위한 제사를 올린다. 특별히 아끼던 정운의 전사에 매우 상심한 이순신은 직접 제문을 지어 그를 추모했다.

> 믿고 의지했던 것은 오직 그대였는데 앞으로 어이하리.
>
> 진중의 여러 장수들 원통해하기 그지없다오.
>
> 백발의 늙으신 부모님은 장차 그 누가 모실지,
>
> 황천까지 뻗친 원한 언제 가서야 눈을 감을런지.
>
> 아, 슬프다,
>
> 이 세상에 그 누가 내 마음 알아주랴.
>
> 슬픔 머금고 극진한 정성 담아 한잔 술 바치니
>
> 아, 슬프도다!

이순신은 엄격하고 무서운 장수였다. 《난중일기》에 남아 있는 기록처럼 군율을 어긴 부하들은 가차없이 처형하거나 곤장을 쳤다. 그러나 이처럼 부하들의 희생 앞에서 그는 누구보다 가슴 아파했다. 나라를 위해 목숨을 바쳤으나 정작 나라는 아무것도 해줄 수 없을 때, 이순신 스스로 부하들을 챙긴 것이다. 그는 부상자와 전사자들을 낱낱이 장계에 보고했다. 비록 노비라 하더라도 소속과 실명을 밝혔으며, 특히 전사자에 대한 대우는 각별했다.

시신은 배에 싣고 돌아가서 장사 지내주게 하고 그 처자들은 달리 구휼하는 법에 따라 구휼해주도록 지시하고 부상자들은 약물을 나누어주어 충분히 치료해주도록 장수들에게 각별하고 엄하게 지시하였습니다.

— 부산파왜병장

일기 곳곳에서 가족을 걱정하는 가장 이순신의 모습도 엿볼 수 있다.

아침에 아들 울의 편지를 보니 아내의 병이 위중하다고 했다. 그래서 아들 회를 보냈다. — 1594년 8월 27일

관동의 숙모가 양주 천천으로 피난 갔다가 거기서 세상을 떠났다는 말을 듣고 통곡함을 참지 못했다. — 1593년 5월 16일

아들 염의 병도 어떠한지 모르는데다……. — 1593년 8월 2일

아둘 울이 학질을 앓는다는 소식도 들었다. — 1593년 8월 23일

이순신은 4형제 중 셋째였다. 그러나 두 형인 희신(義臣)과 요신(堯臣)은 모두 6명의 조카를 남기고 먼저 죽었다. 큰아들과 작은아들을 앞세운 그의 어머니에게 이순신은 마지막 버팀목이었을 것이다. 이순신 역시 어머니를 지극정성으로 모셨다. 《난중일기》의 첫장도 어머니에 대한 그리움을 토로하는 내용으로 시작된다.

여수 웅천동에 있는
이순신 자당 기거지
기념비.

어머니를 떠나 두 번이나 남쪽에서 설을 쇠니 간절한 회한을 이길 수 없다.

— 1592년 1월 1일

아산 어머니께 문안드리려고 나장 두 명을 보냈다. — 1592년 2월 14일

아침에 어머니께 보낼 물건을 쌌다. 홀로 객창 아래 앉으니 온갖 생각이 들었다. — 1592년 4월 8일

전쟁 도중 이순신은 아산의 어머니를 여수로 모셨다. 그 마음이 일기에 잘 나타나 있다.

어머니를 모시고 함께 한 살을 더하게 되니 난리 중에도 다행한 일이다.

— 1594년 1월 1일

여수로 모신 뒤에도 어머니에 대한 이순신의 보살핌은 각별했다. 그는 조선의 장수이기 이전에 효성 지극한 아들이었다.

종 목년이 해포에서 왔는데 이 편에 어머니께서 평안하시다는 소식을 들었다. 곧 답장을 써서 미역 5동과 함께 집으로 돌려보냈다. —1592년 5월 18일

그의 일기에는 어머니의 안부를 염려하는 기록도 숱하게 나온다.

어머니 편지도 왔는데 평안하시다고 한다. 정말 다행이다. —1593년 6월 1일

아침에 어머니를 뵈려고 배를 타고 바람 따라 바로 고음천에 도착하였다.
—1594년 1월 11일

어머니께서 이질에 걸리셨다고 한다. 걱정이 되어 눈물이 난다. —1595년 6월 9일

자신을 던져 국가적 대란으로부터 왕조와 백성을 구한 이순신이지만, 부하의 희생 앞에 울고 가족 걱정에 잠 못 이뤘던 평범한 인간이었음을 알 수 있다. 하지만 전쟁을 수행하는 장수가 개인의 사사로운 감정을 드러내기란 쉽지 않았을 것이다. 그래서 그는 더욱 고독했을지도 모른다. 그가 자신의 심경을 토로한 시를 보면 그 고독함을 이해할 수 있다.

水國秋光暮        한바다에 가을 빛 저물었는데

| 驚寒鴈陣高 | 찬바람에 놀란 기러기 진중 높이 떴구나. |
| 憂心輾轉夜 | 가슴에 근심 가득 잠 못 이루는 밤, |
| 殘月照弓刀 | 새벽달이 들어와 활과 칼을 비추네. |

— 이순신의 시 〈한산도야음閑山島夜吟〉

   세계 어느 장수도 이순신처럼 긴 전란의 기록을 남긴 사람은 없다. 가장 내밀한 기록인 일기를 쓰면서 이순신은 과연 무슨 생각을 했을까. 그리고 그 일기는 이순신에게 어떤 영향을 끼쳤을까? 어쩌면 일기를 쓰는 그 순간만큼은 가장 진솔한 자신과 만나는 시간이었으리라. 그는 자신을 돌아보고 정리하며 숱한 고통과 고독을 정제해나갔을 것이다.

   개인의 7년간의 일기이자 전란의 기록인 《난중일기》가 있었기에 40년이 지난 지금도 우리는 박제된 이순신이 아닌 인간 이순신을 만날 수 있다. 그리고 이러한 점이 그를 진정한 영웅으로 우리 가슴에 새기게 하는 것이다.

# 한국사傳 5

## 9

1597년, 정유재란이 일어났다.

다시 찾아온 전황은 잔인했다.

또 한 번 위기에 처한 조선을 지켜보며

고뇌에 찬 이순신이 찾은 해답은

바로, '필사즉생 필생즉사(必死則生 ,必生則死)' 였다.

그의 비장한 각오는 과연 조선을 구할 수 있었을까?

# 죽고자 하면 살 것이다

## ─《난중일기》, 인간 이순신의 기록 II

이 순신이 우리에게 영웅으로 기억되는 것은
그가 천재적인 재능을 지닌 장수여서가 아니다.
자신이 맞닥뜨린 극한의 공포를 잘 견디고 두려움을 이겨내
궁극적으로 조국을 살려낸 인간이기 때문이다.
백의종군을 거듭하며 일궈낸 명량해전의
기적 같은 승리로 이순신은 다시 한 번 위기에 처한 조선을 구한다.

# 차라리 일찍 죽어버리는 것만 못하다

1597년 정유년, 왜군이 다시 조선을 쳐들어왔다. 임진왜란 첫 해의
격렬했던 전투가 끝난 후, 전쟁은 한동안 소강상태였다. 그동안 명나
라와 일본 간의 지루한 강화협상이 계속됐지만 협상은 결국 결렬되
고, 잦아들 듯하던 전운이 다시 불붙기 시작했다. 정유재란이라 일컬
어지는 2차 전쟁이 시작된 것이다.

전라도는 남김없이 모두 한 번에 쳐라. — 정유재란 재침명령서

일본 오사카 성에는 도요토미 히데요시의 명령을 기록한 한 장의

도요토미 히데요시의 '정유재란 재침명령서.'

이순신의 친필 일기인 《정유일기》.

문서가 남아 있다. 바로 조선을 다시 치라는 명령이 담긴 '정유재란 재침명령서'다. 왜군의 주요 공격지는 임진년 1차 전쟁 때 결정적인 패배를 했던 전투지 전라도였다. 히데요시의 명령으로 다시 시작된 전쟁은 1차 전쟁 때와는 그 규모부터 달랐다. 가토 기요마사(加藤淸正), 고니시 유키나가 등을 선두로 무려 12만 명의 병력이 동원되었다.

과연 이 시기, 이순신이 남긴 기록에는 어떤 모습들이 담겨 있을까? 7년 전쟁 동안 한 해도 거르지 않고 쓴 친필일기는 현재 국보 76호로 지정되어 가치를 인정받고 있다. 이중 정유년에 쓴 일기에는 유독 이순신의 비통한 심경을 드러내는 글이 많다. 노승석 순천향대 이순신연구소 대우교수는 이에 대해 백의종군로를 걸으면서 어머니의 상사(喪事)를 당하는 등 뜻밖의 상황을 겪었기 때문에 감상적이고 극단적인 표현들을 쓰게 됐다고 설명한다.

전쟁의 열기가 달아오르던 정유년 일기는 1월부터 3월까지 석 달 동안의 기록이 비어 있다가 4월 1일부터 다시 시작된다. 그 이유는 체포된 기간 동안 이순신이 일기를 적지 못했기 때문이다.

옥문(獄門)을 나왔다. 더해지는 슬픈 마음을 이길 길이 없었다. — 1597년 4월 1일

이순신은 왜 체포되었을까? 일본의 이중간첩이 흘린 거짓 정보에
속은 조정에서 이순신에게 가토 기요마사를 생포하라는 명령을 내렸
지만, 이순신은 거짓임을 알고 출동하지 않았다. 이로 인해 적장을
놓아주었다는 모함을 받은 이순신은 파직당하고, 서울로 압송된 후
곧바로 투옥되었다.

선조의 노여움은 말할 수 없이 컸다. 조정에 끌려온 이순신은 혹독
한 국문을 당한 후에야 겨우 풀려날 수 있었다. 오종록 성신여대 사
학과 교수는 "무엇보다 선조가 분노한 이유는 이순신이 왕인 자신을
업신여겨 명령을 거역했다고 믿었기 때문"이라고 설명한다. 선조 자
신이 정통성이 강한 왕이 아니었기 때문에 항상 일종의 콤플렉스에
시달렸으며, 신하들이 자기를 능멸하는 것이 아닌가 의심을 많이 했
다. 이순신에 대해서도 같은 생각이었다는 말이다.

> 일찍 남쪽으로 길을 떠났다. 날이 저물 무렵 이름도 모르는 병사의 집에서
> 잤다. ─ 1597년 4월 3일

옥문을 나선 이순신은 도원수 권율(權慄)의 진영인 경상도 초계에
서 백의종군하기 위해 서울을 떠났다. 1586년 여진족을 막지 못했을
때의 백의종군 이후 두 번째였다. 왜란과 관련된 백의종군으로는 첫
번째다.

> 비는 억수같이 쏟아지고 나는 기력이 다 빠진데다가 남쪽으로 갈 길 또한 급
> 박하니 부르짖으며 울었다. 다만 어서 죽기를 기다릴 뿐이다. ─ 1597년 4월 16일

비가 퍼붓듯이 왔다. 말을 쉬게 했어도 길을 가기 어려워 엎어지고 자빠지
며 간신히 악양에 이르렀다. ─ 1597년 4월 26일


이순신이 백의종군하는 동안, 왜군은 칠천도 앞바다로 밀려들고
있었다. 1천여 척의 함대를 출격시킨 왜군은 경상남도 거제의 칠천량
해협에서 기습공격을 감행한다. 부산포와 진해 앞바다를 거쳐 전라
도로 향하는 길에 칠천량으로 들어온 것이다.
　이순신이 없는 조선 수군은 칠천량에서 전멸했다. 칠천량해전을
승리로 이끌며 조선 수군에게 첫 패배를 안겨준 왜장은 도도 다카토
라(藤堂高虎)였다. 과거 옥포해전에서 이순신에게 참패했던 그는 칠천

량해전으로 설욕을 한 것이다. 이 전
투에서 수군통제사 원균, 전라우수사
이억기도 목숨을 잃었다. 일본 측 기
록인 《정한위략征韓偉略》을 통해서도
당시 조선의 피해 규모가 엄청났음을
알 수 있다.

물에 빠져 죽은 자를 헤아릴 수 없었다.

─《정한위략》

칠천량해전에서 승리한 왜장 도도 다카토
라 영정(위)과 승전을 축하하며 도요토시
히데요미가 하사한 투구(아래).

칠천량해전의 승전보는 일본 조정
을 흥분시켰다. 도요토미 히데요시는
크게 기뻐하며 다카토라에게 투구를

하사하기도 했다. 칠천량해전의 패배로 주력 함대였던 판옥선 100여 척과 세 척의 거북선까지 모두 침몰하는 등 조선 측의 피해는 엄청났다. 이후 조선 수군의 상태는 '궤멸'이라는 용어가 적절한 정도였다. 칠천량해전 이전 약 4년간의 강화교섭기 동안 많은 준비를 했던 조선 수군의 전력이 10여 척을 제외하고 일본군에 의해 격멸당한 것이다.

백의종군 중이던 이순신이 칠천량해전의 비보를 접한 것은 전쟁 이틀 후인 7월 21일, 경남 노량에서였다. 이순신은 참담한 심정으로 패전의 현장을 찾는다. 그러나 남은 것은 울부짖는 군사들뿐이었다.

> 노량에 이르니 거제 현령 안위와 만호 조계종 등 열 명이 와서 통곡하고 군사와 백성들도 울부짖지 않는 이가 없었다. — 1597년 7월 21일

함대는 물론, 이순신과 전장에서 함께 싸웠던 조선 수군은 완벽하게 사라졌다.

> 새벽에 기습을 받아 통제사 원균과 전라우수사 이억기 등이 피해를 입고 수군이 크게 패했다고 한다. 듣자하니 통곡함을 참지 못했다.
>
> — 1597년 7월 21일

궁지에 몰린 조선 조정은 이순신이라는 카드를 다시 꺼내 쓸 수밖에 없었다. 결국 이순신이 삼도수군통제사로 재임명됐다. 현재 경상남도 진주시 수곡면 원계리의 손경례 집터에 기념비가 남아 있다.

삼도수군통제사
재임명교서를 받은
진주시 수곡면
원계리의 손경례 집터.

이른 아침에 선전관 양호가 뜻밖의 교서를 가지고 왔다. 그 내용은 삼도통

제사를 겸하라는 명령이었다. — 1597년 8월 3일

파직시켰던 이순신을 다시 불러들어야 했을 만큼, 조선 조정의 상

황은 다급했다. 급기야 선조 스스로 자신의 잘못을 시인하며 자책하

는 모습까지 보였다.

내가 무슨 할 말이 있으리오. 내가 무슨 할 말이 있으리오.

— 삼도수군통제사 재임명교서

수군의 형체조차 남아 있지 않은 상황에서 수군통제사로 재임명된

후 이순신의 일기에는 당시의 절박했던 상황이 적혀 있다.

일찍 출발하여 낙안군에 이르니 관사와 창고와 병기가 모두 타버렸다. 관

리와 백성들도 눈물 흘리며 말하지 않는 이가 없었다. — 1597년 8월 9일

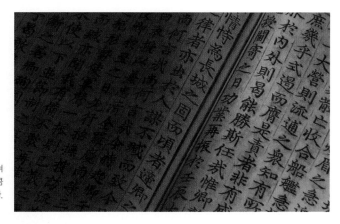

재임명교서를 내리며
선조가 자책할 만큼
상황이 위급했다.

이순신은 한 톨의 군량미라도 모으기 위해 급하게 조양창(兆陽倉)을 찾는다. 전라도 보성의 고내리 마을에 정유재란 당시 전라도 지역의 세곡을 보관하던 조양창 터가 남아 있다.

> 저녁에 보성군 조양창에 이르니 사람은 한 명도 없고 창고에 곡식은 봉해
> 둔 채 그대로였다. — 1597년 8월 9일

이순신에게 남은 것이라고는 군관 9명과 군사 6명이 전부였다. 수군통제사였지만 배 한 척 가지지 못한, 백의종군 때와 다를 바 없는 맨몸이었다.

> 원수가 보낸 군사들이 모두 말도 없고 활과 화살도 없으니 아무 쓸데가 없
> 었다. 매우 한탄스러웠다. — 1597년 7월 29일

절망스런 상황이었지만 언제까지나 넋놓고 앉아 있을 수는 없었

한국사傳 5 ─ 죽고자 하면 살 것이다 ─

다. 어떻게든 빠른 시간에 조선 수군의 전열을 가다듬어야 했다.


## 개탄스러운 모습을 차마 볼 수 없었다

조선 수군을 침몰시키고 남해의 제해권을 장악한 일본은 거칠 것이 없었다. 전라도 점령 후, 서울까지 진격한다는 것이 왜군의 목표였다. 왜군은 수륙 협공을 펼치며 빠르게 북상하기 시작했다. 마침내 1597년 8월, 왜군이 서울로 가는 길목인 남원에 도착했다.

남원성에서 조명연합군(朝明聯合軍)은 왜군과 대치하고 있었다. 조총으로 무장한 왜군은 남원성을 두세 겹으로 포위할 정도의 대규모 부대였다.

8월 대보름, 남원성 최후의 결전이 벌어졌다. 당시 남원성에는 군사가 4천여 명밖에 없었고 일반 백성까지 포함해서 모두 1만여 명이 주둔하고 있었다. 잘 훈련된 왜의 정예군 5만 6천여 명이 쳐들어왔는데도 남원성은 4일 이상 버텨냈다. 실로 기적에 가까운 일이었다. 그

남원으로 집결하는 왜군의 이동 경로.

러나 왜군은 급기야 성 안으로 진격했고, 끝내 남원성은 무너졌다. 조총으로 무장한 왜군에 맞서 화살촉으로 버티던 남원성의 군사들은 적수가 되지 못했다.

남원성이 함락되고 하루가 지난

8월 17일. 이순신은 전라남도 장흥에서 배를 찾아 나섰다. 이순신은 수군통제사로 임명된 후 한 척의 배라도 더 구하기 위해 동분서주하고 있었다. 이순신이 찾던 배는 조선 수군의 주력 함대인 판옥선이었다.

남원성에서 출토된 정유재란 관련 유물들.

판옥선은 선체가 튼튼하다는 것이 가장 큰 장점이었다. 적선과 일대일로 충돌해도 끄떡없을 정도로 그 힘이 막강했다고 전한다.《난중잡록亂中雜錄》을 보면 당시 경상수사 배설(裵楔)이 칠천량해전이 한창일 때 가지고 달아난 열두 척의 배가 남아 있었다고 한다. 그러나 이 열두 척의 배마저 쉽게 되찾을 수 없었다.

수사 배설이 내가 탈 배를 보내지 않았다. — 1597년 8월 17일

《각선도본》에 있는 판옥선 그림.

배설이 멀미를 핑계로 나오지 않았다. — 1597년 8월 18일

배를 구하지 못해 절망한 이순신은 배설에 대한 괘씸함을 숨기지 않고 기록했다.

배설이 약속을 어기는 것이 괘씸하였다. — 1597년 8월 17일

배설을 괘씸하다고 표현한 이순신의 일기.

조선 수군을 궤멸시키고 남원성까지 점령한 왜군은 더없이 잔인해져갔다. 조직적인 양민 학살 명령을 받고 전라도 지역의 무수한 양민들을 학살했다. 학살한 양민 수를 늘리고자 조선인들의 코까지 베어갔는데, 그렇게 잘려나간 코가 수만 개에 달했다. 이러한 왜군의 만행을 증명하는 문서 한 장이 일본 나고야 성 박물관에 있는 코 영수증이다. 코를 벤 숫자와 수령했다는 확인까지 정확히 기록되어 있다.

금구와 김제에서 벤 코의 숫자는 3369개. 정확히 수령하였음. 10월 1일.

— 코 영수증

정유년 8월에서 10월 사이에 무려 2만 명의 코가 잘렸다. 왜군은 그렇게 잘린 코를 소금에 절여 도요토미 히데요시에게 보냈다.

코를 베어 소금에 담가 도요토미 히데요시에게 보내었다. 우리나라 사람 중에는 코 없이 살아 있는 자들이 많았다.

—《지봉유설芝峰類說》

코 영수증.

심지어 산 사람의 코도 베어갔을 정도로 왜군의 잔인함은 극에 달했다. 흔히 우는 아이를 달랠 때 쓰는 '에비야'라는 말의 '에비'는 귀와 코를 뜻하는 '이비(耳鼻)'에서 비롯되었다고 추정한다. 닥치는 대로 귀와 코를 베어가던 왜군의 만행을 두려워한 조선인들 사이에 널리 퍼진 '이비'라는 말이 변형되어 전해진 것이다. 그렇게 조선은 피로 물들고 있었다.

## 웅크리고 앉아 있으니 그 심사가 어떠하겠는가

왜군의 잔악무도함이 극에 달해 있던 그 무렵, 이순신은 고군분투하며 무기가 될 만한 것들을 모으고 있었다.

패하여 줄을 이어 돌아가는 군사들로부터 말 세 필과 활과 화살을 약간 빼앗아왔다. — 1597년 8월 7일

순천부에 이르러 병기 중에 장전, 편전은 군관들에게 지어 나르도록 하고
총통같이 운반하기 어려운 것들은 깊이 묻고 표를 세우도록 했다.

백방으로 노력했으나 성한 무기는 모두 왜군이 가져가고 그나마
남은 것들은 얼마 되지 않았다.

배설을 찾아 회령포까지 내려온 이순신은 마침내, 기다리던 배 열
두 척을 손에 넣는다. 배는 얻었지만 상황은 여전히 절망적이었다.
배에 태울 군사도, 노를 저을 격군도 없는데다 배는 거의 탈 수 없을
정도로 파손돼 있었다. 이순신은 이를 두고 일기에서 "그 꼴이 놀랄
만한 일이다"라고 했다.

그렇다면 당시 왜군의 전력은 어떠했을까? 아타케부네(安宅船)는
정유재란 때 왜군이 탔던 주력 함대로 조선의 판옥선과 같은 역할을
하는 배였다. 아타케부네를 중심으로 주변에 세키부네(關船)라는 작
은 배들을 포진시킨 왜군의 대오는 완벽했다.

왜군의 학살이 자행되던 정유년 8월, 일본은 이미 여덟 개 부대의
상륙을 완료한 상태였다. 더구나 수군의 전력도 더욱 막강해졌다. 이
러한 급박한 상황에 이순신은 '수군을 포기하고 육전에 임하라'는
충격적인 내용의 교서를 받는다. 이에 대해 이민웅 해군사관학교 교
수는 "칠천량해전의 패전 결과 남은 전선이 10여 척밖에 되지 않았기
때문에 조정에서는 10여 척으로 수백 척의 일본 수군에 대항하는 것
자체가 불가능하다고 판단한 것이다. 때문에 선조는 이순신에게 차
라리 육지에 올라와서 도원수가 육전하는 것을 돕는 것이 좋겠다는

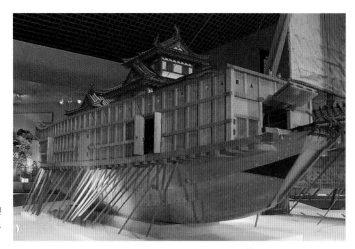

왜군의 주력 함대인
아타케부네의 모습.

의견을 내놓은 것"이라고 설명한다.

안팎으로 앞이 보이지 않던 이때, 이순신은 웅크리고 있을 수밖에 없었다.

> 비가 뿌렸다. 배의 뜸(거적 지붕) 아래에서 머리를 웅크리고 앉아 있으니 그 심사가 어떠하겠는가. — 1597년 9월 3일 (명량해전 13일 전)

《난중일기》에 가장 많이 쓰인 글자 중의 하나인 웅크릴 '축(縮)'자가 이날의 일기에도 보인다. 이처럼 이순신은 한동안 웅크린 채 날개를 펴지 못했다.

> 종일 비가 뿌렸다. 배의 뜸 아래에서 심회를 걷잡을 수가 없었다.
>
> — 1597년 9월 12일 (명량해전 4일 전)

# 곽란으로 인사불성이 되었다

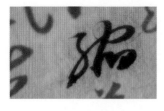

이순신의 친필, 웅크릴 '축'.

웅크리고 있는 이순신의 모습은 이제껏 알던 성웅 이순신의 이미지와는 많이 다르다. 사실 우리가 알고 있는 《난중일기》는 이순신이 기록한 실제 일기 내용과는 다소 다른 부분이 있다. 실제 일기 내용 가운데 일부가 《난중일기》에서 빠져 있기 때문이다.

그렇다면 실제 이순신의 일기와 《난중일기》는 어떤 차이가 있을까? 또 《난중일기》에서 지워진 기록은 어떤 내용이었을까?

정조 19년(1795)에 왕명으로 편찬된 《이충무공전서》는 이순신이 죽은 지 거의 200년 후에 만들어진 이순신의 유고전집이다. 바로 이 책 5~8권에 '난중일기'가 실려 있다. 우리가 아는 《난중일기》는 이순신의 친필일기 중 일부를 발췌하고 편집해서 만든 것이다. 그런데 이순신의 친필일기 원문을 보면 《난중일기》와는 적잖은 차이가 있음을

정조 때 편찬된
《이충무공전서》.

알 수 있다.

《난중일기》에는 이순신의 여인이었던 '여진(女眞)'에 관한 기록이나, 인간적이고 감성적인 이순신의 모습들은 모두 빠져 있다. 정치적인 입장에서 이순신의 영웅적인 면모만 부각시키려 했기 때문이다. 노승석 교수는 "정조 때 《전서》를 간행하면서 가족사적이고 개인적인 것, 주변의 여인 관계 등이 누락된 경우가 있는데, 이에 대해서는 의도적으로 삭제한 것이 아닌가 하는 주장도 제기된다"고 설명한다.

그렇다면 이순신은 과연 어떤 사람이었을까? 적어도 외형적으로는 우리가 상상하는 용맹스런 장수의 모습과는 많이 달랐다. 《징비록懲毖錄》에 의하면 이순신의 용모는 오히려 단아한 선비의 모습과 같았다고 한다.

경희대 한의과대학 김남일 교수팀에 의뢰해 이순신의 신체적 특징을 분석해보았다. 《난중일기》에서 이순신이 장기간에 걸쳐 자신의 신체 증상을 꼼꼼하게 기록했기에 가능한 작업이었다. 먼저 '불편'이라는 단어를 검색해보면, '불편하다'는 기록은 7년간 무려 90여 회나 나온다. 이 외에도 이순신이 갖가지 신체 질환에 시달리고 있었음을 알 수 있다. 코피를 한 되나 흘리거나, 이불을 적실 정도로 식은땀을 흘리기도 했다. 또 밤에 구토를 하는 일도 잦았다. 김남일 교수는 코피를 자주 흘리고 곽란(霍亂)의 증상이 많이 나타났다는 것은 이순신의 체력이 상당히 저하된 상태였음을 의미한다고 설명한다. 즉 코피는 누적된 피로를 견디지 못해 나타나는 현상이며, 곽란의 경우는 소화기 계통의 순환이 원활하지 못할 때 나타난다.

이순신이 해남으로 이진(移陣)한 정유년 8월 20일, 왜군도 이순신과

하루 이틀 차이를 두고 전라도로 진격해오고 있었다. 왜군의 공격이 언제 시작될지 모르는 상황에서도 이순신은 여전히 몸이 불편해서, 제대로 업무를 볼 수 없을 정도였다.

> 창사로 진을 옮겼는데 이날 몹시 몸이 불편하여 음식도 먹지 않고 앓았다.
>
> —1597년 8월 20일

> 새벽 두 시경에 곽란이 일어났다. 소주를 마셔 치료하려 했다가 그만 인사불성이 되어 거의 깨어나지 못할 뻔했다. 토하기를 십여 차례나 하고 밤새도록 괴로워했다. —1597년 8월 21일

> 곽란으로 인사불성이 되었다. 용변도 보지 못했다. —1597년 8월 22일

구토와 설사를 반복하는 곽란은 이순신이 평생 앓던 고질병 중 하나였지만, 이때는 무려 4일 동안이나 곽란에 시달렸다. 이순신은 죽을 고비를 넘기고 간신히 깨어났지만 고통은 여전했다.

하지만 육체적 아픔보다 이순신을 더 괴롭혔던 것은 군사들이 느낀 공포였다.

이순신의 친필, 두려울 '공'.

> 왜적이 밀려온다는 헛소문이 퍼졌다. 헛소문을 낸 두 사람의 목을 베어 인심을 안정시켰다. —1597년 8월 25일

당시 조선 수군은 밀려드는 왜군의 기세에 눌

려 극도의 두려움에 떨고 있었다. 급기야 명량해전을 14일 앞두고, 이순신의 바로 아래 장수였던 배설이 도망을 쳤다.

이날 새벽에 배설이 도망쳤다. ― 1597년 9월 2일

칠천량해전에서 조선 수군의 충격적이고 완벽한 패배를 경험한 배설은 남은 10여 척의 배로 수백 척의 일본 수군에게 대항한다는 것 자체가 불가능하다고 보고 도망간 것이다.

자신의 몸도 주체 못할 정도로 고통이 극심한데다 죽음의 공포에 휩싸여 있던 군사들까지, 이순신에게 첩첩산중의 위기가 닥쳤다. 그는 이 위기를 어떻게 견뎌냈을까?

## 도망간다고 어디 가서 살 것이냐

아산 현충사에는 이순신의 내면을 엿볼 수 있는 또 다른 유물이 있다. 이순신이 무인의 기상을 가다듬기 위해 방에 걸어두고 보았다는 칼 한 자루다. 길이 2미터에 달하는 장검으로, 보물 326호로 지정되어 있는 이 칼에 이순신은 직접 글을 새겨 넣었다.

三尺誓天 山河動色
석 자 되는 칼로 하늘에 맹세하니 산과 물이 떨다

아산 현충사에 있는 이순신의 장검.

산천을 위협하는 비장한 맹세였다. 그 비장함 속에서 이순신은 자신이 나아가야 할 길을 찾았다. 명량해전을 하루 앞둔 9월 15일, 이순신은 군사들을 불러 모아 마지막 연설을 한다. 그것은 필사즉생(必死則生), 죽기를 각오하고 싸우라는 명령이었다.

> 병법에 이르기를 반드시 죽고자 하면 살고, 살고자 하면 죽는다고 했다. 또 한 사람이 골목을 지키면 천 명도 두렵게 할 수 있다고 했다. — 1597년 9월 15일

드디어 결전의 날이 다가왔다.

> 밤에 이상한 징조가 많았다. — 1597년 9월 15일 (명량해전 하루 전)

명량해전을 하루 앞둔 9월 15일, 조선 수군 진영에는 이루 말할 수 없는 긴장이 감돌고 있었다. 한산도에서 전라도 해역 끝자락까지 밀려난 조선 군대는 더 이상 물러설 곳도 없었다. 그야말로 살기 위해 죽음을 각오해야만 했던 이순신의 군대는 비장한 결의를 다진 후 마침내 열두 척의 배를 이끌고 왜군과의 결전지로 나아가기 시작한다.

벼랑 끝에 몰린 이순신이 택한 곳은 명량해협이었다. 전라남도 해남군과 진도군 사이의 명량해협은 폭이 좁아 물살이 빠르기로 유명한 곳이다. 이순신이 노린 것은 바로 이 물살이었다. 명량해전 하루

현재의 명량해협.

전, 이순신은 진을 전라우수영으로 옮기고 적이 명량으로 오기를 기다렸다.

> 아침에 망군이 와서 보고하기를 무려 200여 척의 적선이 명량을 거쳐 곧장
> 온다고 했다. ―1597년 9월 16일

마침내 왜군의 대규모 함대가 명량해협으로 들어오기 시작했다. 《이충무공전서》에 따르면 도도 다카토라, 구루시마 미치후사 등의 쟁쟁한 장수가 이끄는 330여 척의 함대가 진격해왔다. 왜군의 목표는 명량해협을 지나 서해를 통해 곧장 서울로 진격하는 것이었다. 명량해전이 발발한 9월 16일. 이순신은 이날의 일기를 가장 길고 자세히 기록해두었다.

> 여러 장수들을 불러 거듭 약속할 것을 밝히고 닻을 올리고 바다로 나가니

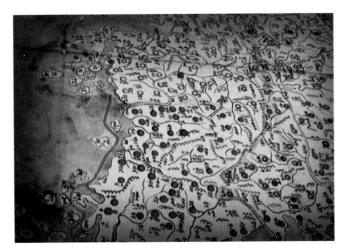

서해를 통해
서울로 진격하고자 한
왜군의 예상 이동 경로.

적선 130여 척이 우리의 배를 에워쌌다. — 1597년 9월 16일

　전쟁이 시작되자 이순신의 배가 선두로 나섰다. 그 앞에는 수를 헤아릴 수 없는 수백 척의 왜선들이 마주하고 있었다. 하지만 이순신의 뒤를 따라야 할 열한 척의 배들은 왜군의 기세에 눌려 앞으로 한 발짝도 나오지 못했다.

　　여러 배들이 서로 바라만 보고서 진군하지 않아 일을 장차 헤아릴 수 없었다. ……여러 배들을 돌아보니 1마장(馬場)쯤 물러가 있었고 우수사가 탄 배는 멀리 떨어져 있어 묘연(渺然)했다. — 1597년 9월 16일

　병사들은 달아날 궁리만 하고 있었다.

　　많은 적들을 보고 달아날 꾀만 내고 있었다. — 1597년 9월 16일

오타 텐요가 그린 〈조선역해전도〉. 공포에 질린 조선 수군의 모습이 보인다.

병사들은 이순신이 두려워 뒤로 물러서지도, 앞으로 나아가지도 못한 채 쩔쩔맸다. 병사들의 공포는 쉽게 사라지지 않았다. 이순신에게 가장 큰 적은 눈앞의 왜군이 아니라 군사들 마음속의 실체 없는 적, 공포였다.

조선 백성들은 명량해협이 한눈에 내려다 보이는 진도의 망금산에서 명량해전을 지켜보고 있었다.

> 적에게 포위를 당하니 마치 구름과 안개 속에 파묻혔다. 피난 온 백성들이 통곡하며 "이제 이렇게 되니 우린 어디로 가야 하오" 하였다. ─《이충무공전서》

적에게 포위된 채 제대로 싸우지조차 않는 조선 군사들을 지켜보며 백성들은 통곡했다. 주저하던 부하들을 향해 이순신은 마침내 더이상 용서할 수 없다는 장수의 냉혹한 분노를 쏟아냈다.

여러 장수의 배를 돌아보니 먼 바다에 물러가 있어 나아가지도 물러가지도 못할 형편이었다. 나는 호각을 불고 깃발을 세워서 안위의 배와 김응함의 배를 불러 모았다. 나는 배 위에 서서 직접 안위에게 말하였다. "안위야, 군법에 죽고 싶으냐? 네가 군법에 죽고 싶으냐? 도망간다고 어디 가서 살 것이냐?" — 1597년 9월 16일

이순신은 왜군과 싸우지 않는 자는 자신의 손에 처형당할 것이라며 군사들을 몰아붙였다.

당장 처형하고 싶지만 적세 또한 급하므로 우선 공을 세우라. — 1597년 9월 16일

궁지에 몰린 군사들은 적진으로 나가는 것 외에는 선택의 여지가 없었다.

이에 안위가 황급히 곧장 적진에 들어가 교전하였다. 안위의 배 위에 있는 군사들은 죽기를 각오한 채 마구 쏘아댔고 내 배의 군관들도 빗발치듯 쏘아댔다. — 1597년 9월 16일

최악의 상황에서 조선 수군의 함대는 명량해협의 거센 물살 때문에 앞으로 조금도 나아가지 못하고 있었다. 그런데 정오가 가까워오면서 물살의 흐름이 완전히 달라지기 시작했다. 물살의 변화, 이것이 결국 전쟁의 판도를 바꿔놓았던 것이다.

명량해협의 물살은 하루에 네 번, 약 6시간마다 방향이 바뀐다. 물

지금도 명량해협의 물살은
그날의 승리를 기억하는 듯
거세게 흐르고 있다.

살이 워낙 세서 한 번 흐르기 시작하면 방향을 거스르기가 쉽지 않
다. 현재도 엄청난 동력을 이용하지 않으면 앞으로 나아가기 힘들 정
도다.


## 다시는 우리 수군에게 가까이 오지 못했다

물살이 바뀌고 역류를 탄 왜군은 더 이상 앞으로 나오지 못했고, 이
순신은 이 호기(好期)를 놓치지 않았다.

> 우리의 여러 배들은 적이 다시 침범하지 못할 것을 알고 일제히 북을 올리
> 고 함성을 지르면서 쫓아 들어가 포를 쏘아대니 그 소리가 바다와 산을 뒤
> 흔들었다. 또한 화살을 빗발처럼 쏘아댔다. 적장 마다시(馬多時,《난중일기》에

왜군들의 시체로 붉게 물들었다는 전남 해남의 피섬.

는 마다시로 기록되어 있으나 구루시마 미치후사를 가리킨다)의 시체를 토막 내어 적에게 보이게 하니 적의 기세가 크게 꺾였다. 드디어 적선 31척을 쳐부수자 적선들은 달아나고 다시는 우리 수군에 가까이 다가오지 못했다.

— 1597년 9월 16일

일본 함대 100여 척 이상이 부서지거나 침몰했으며, 왜군은 사상자만 1만여 명에 달했던 것으로 알려져 있다. 전라남도 해남에는 명량해전 때 왜군들의 시체가 떠밀려 피범벅이 되고 붉게 물이 들어서 피섬, 혈도(血島)라고 불리는 섬이 아직까지 있을 정도로 당시 왜군의 참패는 대단했다.

이순신의 선택은 적중했다. 좁은 명량해협에서 왜군을 격퇴함으로써 결국 조선을 구해냈다. 이민웅 교수는 명량해전은 이순신이 택할 수 있었던 마지막 카드였다고 설명한다. 즉 칠천량해전 이후 계속해서 서남쪽 해안으로 내려온 조선 수군이 세력을 응집해나가면서 마지막으로 택했던 곳이 명량의 좁은 수로였고, 이순신은 그 길목을 차단하는 전략을 세웠던 것이다. 결국 일본은 명량에서 패배함으로써 조선에 상륙하겠다는 계획을 포기할 수밖에 없었다.

절망과 두려움 끝에 찾아온 승리로 이순신은 다시 조선 수군의 명성을 되살린 명장으로 인정받았다. 개인적인 시련과 아픔에 더해, 조선 수군이 무너지고 나라가 흔들리는 위태로움이 이순신을 짓누르고 있었지만, 참혹한 고통과 좌절의 시간들을 이겨냈기 때문에 이순신은 영웅이 될 수 있었다.

하지만 명량해전 8일 후, 이순신은 다시 앓기 시작한다.

몸이 불편하여 신음했다. — 1597년 9월 24일

몸이 몹시 불편하여 식은땀이 온몸을 적셨다. — 1597년 9월 25일

몸이 불편하여 종일 나가지 못했다. — 1597년 9월 26일

이순신이 열두 척의 배로 일궈낸 명량해전의 승리는 필사즉생의 각오로 얻어낸, 기적 같은 일이었다.

그러나 승리의 기쁨도 잠시, 이순신은 다시 왜군과의 일전을 준비해야 했다. 임진왜란 최후의 결전! 이순신의 생애 마지막 전투가 서서히 다가오고 있었다.

한국사傳5

10

《난중일기》는 1592년 임진일기를 시작으로
1598년 무술일기에서 끝이 난다.
이순신은 11월 17일의 일기를 쓴 후,
18일에 최후의 전장인 노량해협으로 향했다.
그리고 19일 아침, 사망한다.
마지막 일기에 이순신은 무슨 내용을 남겼을까?

# 몸은 죽고 나라는 살다

— 《난중일기》, 인간 이순신의 기록 III

이 순신의 죽음으로
임진년부터 시작된 기나긴 7년 전쟁은 막이 내렸으나
곧 그의 죽음에 대한 의문이 제기되기 시작한다.
그가 전사를 가장해 자살했다는 것이다.
400여 년이 지난 지금까지도
이순신의 마지막에 대한 논란은 계속되고 있다.
과연 진실은 무엇일까?

# 끝나지 않는 의혹, 이순신 자살설

노량해전을 승리로 이끈 이순신이 사망하면서 임진왜란은 끝이 났다. 전쟁이 끝난 후 그의 죽음에 대한 여러 의혹들이 제기된다. 전사(戰死)를 가장한 자살이라는 의혹은 대제학을 지낸 이민서(李敏敍)에 의해 본격적으로 제기된다. 이민서는 이순신이 스스로 갑옷을 벗고 탄환에 맞아 죽었다는 기록을 남긴다.

하지만 이민서는 숙종 때의 인물이다. 이순신이 활동했던 당시의 기록인 《선조실록》에는 이순신이 '전사'했다고 나와 있고, 또 이순신

1598년 이순신의 마지막
일기인 무술일기.

의 조카 이분(李芬)이 저술한 《이충무공행록》에는 '지나가는 탄환에 맞아' 숨진 것으로 기록되어 있다. 그런데도 이순신 자살설은 17세기부터 지금까지 끊임없이 제기되고 있다. 심지어 《이충무공전서》에까지 이순신 사망에 대한 의혹이 실려 있다. 전공(戰功)이 커서 용납될 수가 없기에 스스로 죽음을 작정했다는 이유까지 제시한다.

> 공로가 클수록 용납되기 어려운 것을 스스로 알고 싸움에 임해 자기 몸을 버렸으니 공의 죽음은 본시부터 작정한 것이다. ─《이충무공전서》〈신구차〉

《이충무공전서》는 이순신이 사망한 지 197년 뒤인 정조 때 출간된 책이다. 그렇다면 세상은 왜 이순신이 스스로 목숨을 끊었다고 생각했던 것일까?

후세의 사람들은 이순신이 죽을 고비에서 벗어난 후 죽음을 결심했다고 여겼다. 여기서 죽을 고비란 1597년 가토 기요마사를 생포하라는 명령을 거부하고 체포된 뒤 사형 직전까지 간 일을 말한다. 이

이순신이 죽어 마땅하다고 기록한 《선조실록》.

일은 일본의 이중간첩의 계략에 의한 것이었으나 당시 조정 여론은 이순신을 죽어야 마땅한 인물로 몰고 갔다. 그때 이순신의 억울함에 깊이 공감한 사람들이라면 그가 스스로 죽었을 수 있다고 생각하게 되었을지 모른다.

그러나 그 후 이순신은 명량해

전에서 역사에 남는 대승을 거뒀고, 비록 보잘 것 없는 군량과 무기였지만 가열차게 수군 재건에 임했다.

## 새롭게 수군을 정비하다

무엇보다 시급히 마련해야 할 것은 새로운 진을 꾸릴 장소였다. 이순신은 조선 수군을 이끌고 어의도, 법성포, 위도와 고군산도를 거쳐 고하에 도착한다. 고하도는 진을 치기에 딱 맞는 조건을 갖추고 있었다.

> 목포에 이르렀다가 보화도(고하도)에 옮겨 정박하니 서북풍을 막을 만하고 배를 감추기에 아주 적합했다. 그래서 육지에 내려 섬 안을 돌아보니 지형이 매우 좋으므로 진을 치고 집 지을 계획을 세웠다. ─ 1597년 10월 29일

고하도 전경.

고하도의 이순신 유허에 세워진 모충각 전경.

고하도성의 성문이 있던 곳으로 추정되는 자리.

고하도의 이순신 유허에 마련된 모충각(慕忠閣)의 유허비에는 이순신이 고하도에 닻을 내린 또 다른 까닭이 설명되어 있다. 서울의 선조와 고하도의 수군을 위한 양식을 마련하려고 택했다는 내용이다. 1970년대까지만 해도 고하도에는 당시에 쌓은 성의 흔적이 많이 남아 있었다는데 현재는 성문을 세웠다는 자리만 겨우 찾을 수 있다.

명량해전을 치른 지 두 달 후의 《난중일기》에는 고하도에서 진을 재정비하는 이순신의 바쁜 일상이 담겨 있다.

일찍 새로 집 짓는 곳으로 올라가서 종일 거닐며 해가 지는 줄도 몰랐다.

새로 지은 집에 지붕을 이었고 군량 창고도 세웠다. ─ 1597년 11월 6일

고하도에 새로 마련한 군량 창고
는 10여 일 만에 가득 찼다. 그런데
때는 추수철도 한참이 지난 음력 11
월이었다. 그 추운 계절에 군량을
모으는 일이 어떻게 가능했을까?
《난중일기》에는 관련 기록이 없지
만, 유성룡(柳成龍)이 지은 《징비록》

경상북도 안동 충효당에 보관된 《징비록》.

에는 이순신이 백성들의 지원으로 군량을 마련할 수 있었다고 적혀
있다. 사람들은 조선 수군에 자발적으로 곡식을 바쳤는데, 해로통행
첩 때문이었다.

조원래 순천향대 사학과 교수는 통행첩 발급에 대해 다음과 같이
설명했다. "전쟁이 장기화되면 가장 중요한 문제가 군량과의 싸움이
다. 이순신도 겨울이 되자 고하도에서 군량을 어떻게 확보할 것인가
고민을 많이 했다. 서남해 연해지역은 피난선들의 왕래가 매우 잦았
던 곳이다. 따라서 피난선을 정리하고 통제함과 동시에 군량을 확보
할 수 있는 대책으로 이른바 해로통행첩을 발급하게 됐다."

안전한 바닷길을 얻게 된 피난민들은 해로통행첩을 반겼다. 그렇
게 해서 10여 일 동안 군량 1만여 섬을 모을 수 있었던 것이다. 이로
써 이순신은 대략적인 수군 정비를 마쳤다. 왜군의 공격도 더 이상
없었고, 고하도는 고요했다.

임진왜란의
주요 무기였던 편전.

임준영이 와서 완도를 정탐해보니 적의 배가 없다고 전했다. — 1597년 11월 20일

이순신은 명량해전에서 소실된 병기 복구를 위해 편전(片箭) 제작
에도 힘썼다. 애기화살이라고도 하는 편전은 속도가 빠르고 관통력
이 높아 임진왜란 때 주요 무기로 사용됐다. 또한 대대적인 군사모집
에 나서 약 8천 명의 병력을 확보하는 한편, 판옥선의 구축에도 박차
를 가했다. 고하도, 해남, 진도 등지에서 판옥선을 새로 구축하거나
흩어져 있던 배들을 모아 총 50여 척을 확보했다.

맑고 따뜻하다. — 1597년 11월 7일

따뜻하기가 봄날 같다. — 1597년 11월 18일

이 무렵의 《난중일기》는 대체로 평온하다. 그러나 이것은 겉으로
드러나는 모습일 뿐이었다.

# 어머니에 이어 아들까지 잃다

이순신은 1597년 10월 무렵, 악몽에 시달리고 있었다.

> 말을 타고 가다 떨어졌다. 막내아들 면이 끌어안는 듯한 형상을 보이더니
> 깨었다. ─ 1597년 10월 14일

　불길한 징조였다. 그날 저녁, 가족의 생사를 알기 위해 고향집에
보냈던 사람이 돌아왔다. 꿈 때문인지 이순신은 봉함을 뜯기도 전에
"뼈와 살이 먼저 떨리고 마음이 긴장되고 조급"했다. 역시 예상대로
비보였다.
　명량해전에서 패한 왜군이 이순신의 본가가 있는 아산으로 쳐들어
가 여염집을 분탕질하였다. 그 소식을 들은 이면(李葂)이 달려나가 싸
우다 왜적의 칼에 찔려 전사한 것이다. 이순신은 가장 아끼던 막내아
들을 앞세우게 된 것이다.

막내아들
이면의 무덤.

간담이 타고 찢어지는 듯하다. 너를 따라 같이 죽어 지하에서 같이 지내고 같이 울고 싶건만 내 마음은 죽고 형상만 남은 채 울부짖을 따름이다.

— 1597년 10월 14일

이미 이순신은 그해 초, 어머니를 잃었다. 아들이 백의종군한다는 소식을 듣고 급히 만나러 가던 길에 배 위에서 83세를 일기로 숨을 거둔 것이다. 어머니에서 아들까지 불과 6개월 사이 이어진 비보였지만, 장수로서 슬픔을 드러낼 수는 없었다.

내일이 막내아들의 죽음 소식을 들은 지 나흘 째가 되는 날인데도 마음 놓고 울어보지도 못했다. — 1597년 10월 16일

가족을 잃은 슬픔에도, 사람들의 눈을 피해 몰래 눈물을 흘릴 수밖에 없었다. 아들의 죽음마저 내색하지 않으며 이순신은 수군 재정비에 박차를 가하고 있었다.


## 고금도에서 최후의 결전을 준비하다

이순신은 고하도에서 108일 동안 머무르다 좀 더 나은 기지를 찾아 1598년 2월 18일, 고금도에 도착한다. 그런데 이때부터 약 9개월간 《난중일기》의 기록이 빠져 있다. 1월 5일부터 9월 14일까지의 일기가

전해지지 않는 것이다. 이 시기의 이순신의 행적은 《난중일기 서간첩》을 통해 살펴볼 수 있다.

어제 고금도로 진을 옮겼습니다. — 1598년 2월 19일 감역 현건(玄健)에게 보낸 편지

이순신의 편지들을 살펴보면, 《난중일기》와는 달리 임진왜란 전의 평화를 그리워하는 부드러운 감수성을 느낄 수 있다.

편지는 오래 전에 보낸 것이지만 그리운 마음은 더욱 새롭습니다. 언제나 월악산의 구름과 대숲의 아름다운 경치를 마음속으로 그리워하지 않은 적이 없습니다. — 1598년 2월 19일 감역 현건에게 보낸 편지

이순신과 조선 수군이 고하도에 이어 안착한 고금도는 면적이 넓고 인구도 많았다. 고금도는 이순신의 마지막 통제영이라는 의미가 있는

전라남도 완도군 고금도 전경. 이순신의 마지막 통제영이 있던 곳이다.

완도 고금면에 남아 있는 어란정.

곳이다. 이순신은 고금도에 본격적인 수군 진영을 차린다. 이민웅 해군사관학교 교수는 주변의 여러 섬들로 인해 고금도는 함대를 숨길 만한 전략적인 요충지였다고 말한다. 또한 서해가 아닌 남해 쪽으로 진출할 수 있는 교두보를 마련한다는 의미도 있었다고 진영의 이동 배경을 설명한다.

이순신은 고금도에서 그간 손실된 군사력을 완전히 회복했다. 병기, 군량, 군사, 어느 하나 부족함이 없었다. 현재 고금도에는 임진왜란 때 군사들이 전투훈련을 하며 목을 축였을 것으로 추정되는 우물 어란정(於蘭井)이 남아 있다.

이때, 명나라의 수군도 가세한다. 명군 최초의 수군 지원이었다. 명나라 도독 진린(陳璘)은 1598년 6월, 한강에서 친히 선조의 전송을 받으며 고금도에 도착했다. 하지만 그는 조선 장수를 때리고 욕하기를 주저하지 않는 포악한 인물이었다. 5천 명의 명나라 수군이 오히려 짐이 되지 않을까 걱정해야 하는 모순된 상황이 벌어진 것이다. 특히 이순신의 든든한 조력자인 유성룡의 걱정은 깊을 수밖에 없었다. 이순신의 성격을 잘 아는 유성룡은 진린과 이순신이 화합하지 못해 결국 전투에서 패할 것이라 장담하기까지 했다. 우려가 크기는 선조도 마찬가지였다. "후하게 대접하여 도독을 노엽게 하지 않도록 하라"는 전교까지 이순신에게 내렸다.

선조와 유성룡의 예상은 틀리지 않았다. 고금도에 도착한 지 며칠

되지 않아 진린은 분을 참지 못하고 술상을 엎었다. 이유는 간단했다. 1598년 7월, 절이도 전투에서 이순신의 군사가 크게 싸워 이긴 것이다. 이민웅 교수의 설명에 의하면 명나라 수군은 전공을 전혀 거두지 못하고 조선 수군이 싸워서 이기는 과정을 지켜보기만 했다고 한다. 그래서 싸우지 않은 부하장수를 진린이 참수하려고 하자, 이순신은 "조선군의 전공이 전부 대인의 공이 될 수 있다"면서 진린을 말리고 적의 수급을 주었다고 한다. 이 사건을 계기로 진린은 이순신의 명성을 인정할 수밖에 없게 된다.

절이도해전의 승리로 이순신은 고흥반도까지 장악하게 되었다. 계속 동진해서 여수반도를 끼고 있는 순천만과 남해도의 광양만까지 확보하면 전라도 수역을 차지할 수 있었다.

그러나 또다시 문제가 불거진다. 진린의 군사가 약탈을 일삼은 것이다. 이에 이순신은 마을의 집들을 헐고 자신의 짐을 배에 싣도록 명령했다. 의아해하는 진린에게 이순신은 명군의 행패와 약탈 때문에 백성들이 도망가고, 군사들도 모두 떠나려 하는 것이라고 전했다. 조선 수군이라는 버팀목 없이 명나라 군사들의 안전을 장담할 수 없었던 상황에서 진린은 다급해져 간절히 애원했다.

> 이순신: 귀국 군사들은 우리들을 속국의 신하로만 알고 전혀 꺼림이 없소. 내게 그들을 제어할 수 있는 권한을 준다면 서로를 보존할 수 있을 것이오.
> 진린: 그렇게 하지요.
>
> —《이충무공행록》

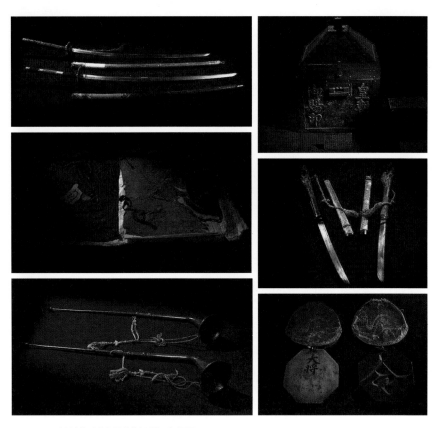

이순신이 명나라 황제에게 받은 하사품들.

　　이순신은 지략으로 명나라 군사들의 통제권까지 갖게 되었다. 진
린은 훗날 명나라 황제에게 이순신의 공에 대해 보고했고, 황제는 이
순신에게 8종의 선물을 보냈다. 은도금 장식을 두른 180센티미터 길
이의 참도(斬刀) 두 개와 황제가 보낸 도장이라고 표기된 동으로 만든
도장인 도독인(都督印), 군대의 명령을 전달할 때 사용했던 깃발인 홍
소령기(藍小令紀), 남소령기(紅小令紀)와 138센티미터에 달하는 귀도(鬼
刀), 구리로 만든 곡나팔(曲喇叭)과 대장이라고 쓰인 호두령패(虎頭令
牌) 등이다.

진린은 심지어 이순신에게 "만약 중국으로 가 벼슬한다면 당연히 천하의 명장이 될 인물이 왜 작은 나라에서 이렇게 곤궁하게 지내는 가"라며 명나라로 함께 가자고 수없이 설득하기도 했다. 처음에 모두 가 포악하다고 걱정한 진린이 이순신을 진심으로 존경하고 인정하게 된 까닭은 바로 이순신의 리더십 때문이었다. 《징비록》에 따르면 진린은 모든 일을 처리함에 있어 이순신에게 자문을 구했을 뿐 아니라 이순신보다 자신의 가마를 앞세우는 일도 감히 없었다고 한다.

명나라로 가자는 진린의 끊임없는 청을 단칼에 거절한 이순신이지만, 개인의 입신양명을 먼저 생각했다면 한 번쯤 귀가 솔깃할 만한 제안이었다. 사실 조선 땅에서 이순신의 목숨은 오히려 왜군이 아닌 내부의 적에 의해 더 위태로웠기 때문이다.


## 선조가 두려워한 장수

조선수군통제사의 목숨을 위협했던 세력의 중심에는 선조가 있었다. 이미 오래전부터 선조는 이순신에 대한 불편한 심정을 노골적으로 드러냈다. 이는 명량해전에 관한 선조의 태도에서도 명확히 드러난다. 불가능을 가능으로 바꾼 명량해전이었지만 선조의 생각은 달랐다.

사소한 왜적을 잡은 것은 마땅한 일이며 큰 공이 있는 것도 아니다.

— 선조 30년 (1597) 10월 20일

선조는 이순신이 왜적을 잡은 것은 마땅히 할 일을 했을 뿐이라며 신경질적인 반응을 보인다.

그로부터 6개월이 지난 1598년 4월 15일, 비변사에서 이순신의 포상에 대해 다시 건의했다. 망가진 배와 군사로 큰 승리를 거두었으니 표창을 함이 마땅하며 이는 선조의 처분에만 달려 있다는 것이었다. 하지만 선조는 품계를 올려줄 수 없으니 다른 방법을 찾아보라고 하교할 뿐이었다.

신병주 교수는 이에 대해 다음과 같이 설명한다. "선조는 이순신의 공을 인정하는 데 매우 인색했다. 거의 전공을 인정하지 않는 분위기였는데 당시 전쟁 상황을 지켜보던 명나라 경리어사 양호(楊鎬)가 이순신을 높이 평가하면서 명량해전의 승리는 반드시 상을 줘야 하는 사안이라고 강력히 권유한다. 그래서 결국 정3품에서 정2품 가성대군의 품계까지 올려준다. 하지만 이순신이 이미 백의종군 전에 정2품의 품계를 받았던 걸 고려하면 이는 명나라의 계속되는 권유에 마지못해 형식적으로 취한 조치에 불과했다. 이러한 선조의 행동을 이순신이 매우 서운하게 받아들였을 것이다."

그렇다면 칠천량해전에서 대패한 원균에 대한 선조의 평가는 어땠을까? 그것은 사람이 한 일이 아니라 하늘이 한 일이라고 편을 들었다. 선조는 왜 원균과 이순신에게 이렇게 다른 태도를 보였을까? 그것은 두려움 때문이었다. 선조는 직계가 아닌 방계로 왕위에 오른 조선 최초의 임금이었다. 권력을 쥔 누군가가 정통성의 문제를 제기하면 왕위는 곧바로 위태로워질 수 있었다. 이순신의 연승은 왕권을 위협할 수도 있는 거대한 성과였다.

경기도 평택에 있는 원균 사당.

원균 영정.

    1596년, 이 같은 선조의 두려움을 드러내는 사건이 있었다. 의병 총수였던 김덕령(金德齡)이 난을 일으키려 했다는 이유로 체포된 것이다. 김덕령은 20일간의 가혹한 고문을 받은 뒤 장살당했다. 김덕령뿐만이 아니었다. 의병장 곽재우(郭再祐), 홍계남(洪季男) 등도 역적 모함을 받았다. 전쟁으로 인해 왕권이 추락한 상황에서 영웅 이순신은 누구보다 경계해야 할 인물이었다.

    이순신이 조정을 기망(欺罔)한 것은 임금을 무시한 죄이고, 적을 놓아주어 치지 않은 것은 나라를 저버린 죄이며, 심지어 남의 공을 가로채 남을 모함하기까지 하며 방자하지 않음이 없는 것은 기탄함이 없는 죄이다. 이렇게 허다한 죄상이 있고서는 법에 있어서 용서할 수 없는 것이니 율(律)을 상고

하여 죽여야 마땅하다. 신하로서 임금을 속인 자는 반드시 죽이고 용서하지 않는 것이므로 지금 형벌을 끝까지 시행하여 실정을 캐어내려 하는데 어떻게 처리할 것인지 대신들에게 하문하라. — 선조 30년(1597) 3월 13일

전황이 불리해짐에 따라 이순신을 재등용하기는 했지만 선조의 입장에서 이순신은 항상 신경이 쓰이는 존재였다. 전쟁이 일어난 지 보름여 만에 도성을 버리고 피난을 간 국왕과 위기 속에서 조선을 구한 성웅 이순신의 모습은 극명하게 대비되었다. 이순신의 명성이 올라갈수록 선조의 권위는 추락할 수밖에 없었다. 결국 이순신이란 인물은 전쟁의 승리와 패배, 그 결과에 상관없이 제거하는 것이 예고된 수순이었을 것이다. 끊임없이 이순신을 없앨 기회를 엿보는 것은 조정 대신들 또한 마찬가지였다.

세 번의 파직과 두 번의 투옥, 다시 두 번의 백의종군까지. 이순신의 삶은 고달팠고 세상은 한결같았다. 이렇게 고통스러운 삶에 대한 회의가 《난중일기》 곳곳에 묻어 있다. 특히 어머니를 잃고 난 후 절망이 깊어졌다.

다만 어서 죽기를 기다릴 뿐이다. — 1597년 4월 16일

천지에 나 같은 사정이 또 어디 있단 말인가. 어서 죽는 것만 같지 못하구나. — 1597년 4월 19일

나와 같은 사정은 고금을 통하여도 짝이 없을 것이니 가슴이 찢어지는 듯

아프다. 다만, 때를 못 만난 것을 한탄할 따름이다. — 1597년 5월 5일

임진왜란 7년차인 1598년 2월 19일, 감역 현건에게 보낸 편지에 이순신은 수염과 머리가 희어져 자신을 알아보지 못할 것이라 적고 있다. 그러나 5년 전인 1593년 6월 12일의 일기에는 "어머니가 계시므로 아침에 흰 머리털 몇 오라기를 뽑았을 뿐"이라고 기록했다.

이순신에게 수군통제사는 조선을 지키는 자리인 동시에 스스로에게 칼을 겨누는 역할이었다. 왕을 비롯한 조정 대신들의 핍박과 조선 군사를 무시하는 명나라 군사들, 어머니와 아들의 죽음까지 그의 삶은 극도로 고단한 것이었다. 그런 그에게 희소식이 전해진다.

## 강화교섭이 이루어지다

1598년 8월, 도요토미 히데요시가 교토에서 사망한다. 조선으로 비밀리에 전해진 그의 유언은 '철군'이었다. 사천 선진리 왜성에 주둔했던 시마즈 요시히로(島津義弘)를 비롯한 장수들은 11월 중순경 철군을 계획했다. 이때 강화에 나선 인물은 고니시 유키나가였다. 안전한 후퇴로를 확보하길 원했던 고니시는 조선을 따돌린 채 명나라와 강화를 진행했다. 고니시는 그 대가로 순천왜성, 즉 예교성을 넘겨주겠다고 약속한다. 전쟁이 끝나가고 있는 상황에서 명으로서도 더 이상 피를 흘릴 이유가 없었다. 순천왜성을 넘겨받는 데 합의한 명나라 제

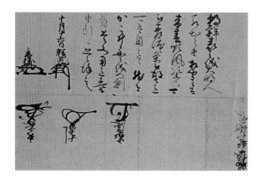

도요토미 히데요시가 사망한 후 내려진 철군명령서.

독 유정(劉綎)은 명나라에 대한 왜의 위협이 사라져가자 전의를 상실했다. 그것은 사로병진(四路竝進) 작전에서 명백히 드러났다.

사로병진은 순천왜성과 사천왜성 그리고 울산왜성을 조명연합군이 공격하는 진공작전이었다. 9월 20일, 묘도에 도착한 이순신은 도독부를 설치하고 곧바로 전투에 임했다. 이순신은 유정이 이끄는 육군과 합세해 순천왜성을 공격하기로 했다. 임진왜란 최대의 수륙 합동작전이었다. 전투는 거칠었고 10월이 되어서도 끝날 기미가 보이지 않았다. 그러나 유정이 이끄는 명나라 육군은 조선 수군의 항전 의지와 달리 전투를 관망하며 지켜만 볼 뿐, 나서려 하지 않았다.

사로병진 작전의 대상이었던 사천 선진리 왜성.

적들은 허둥지둥 달아났다.

　　　　　　　　— 1598년 10월 4일

유제독이 달아나려고 한다. 통분할 일
이다. 나랏일이 장차 어떻게 될 것인
가. — 1598년 10월 6일

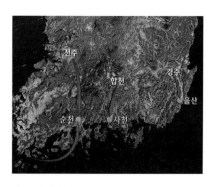

사로병진 작전 경로.

육군은 다시 정비해 전진하려고 한다. — 1598년 10월 7일

육군이 이미 철수했으므로 배를 거느리고 해안의 정자에 이르렀다.

　　　　　　　　　　　　　　　— 1598년 10월 9일

　승리가 코앞이었지만 이순신은 물러날 수밖에 없었다. 결국 도발
적이고 야심찼던 사로병진 작전은 성공하지 못했다. 사태가 이렇게
되자 선조는 직접 남하하겠다는 결심을 표명한다. 자신이 직접 나서
면 명나라 장수들이 달라질 것이라며, 죽지 않았는데 물러나 있을 수
없다는 결의를 보였다. 하지만 세상은 선조의 말을 믿지 않았다.

　7년 동안 행한 모든 일이 구차하게 보전하려는 계책뿐이었는데 남쪽으로
　내려가겠다는 하교는 믿어지지 않는다. — 선조 31년 (1598) 11월 7일

　선조의 행동은 사관의 예상대로 역시 말뿐이었다. 이순신은 이번
에도 스스로 나서서 움직여야 했다. 명나라 도독 진린과 작전 계획을

세운 이순신은 곧바로 고니시를 치기 위해 순천왜성 앞바다의 장도(獐島)로 출전한다. 이날, 왜선 10여 척이 출항했으나 조명연합수군에게 격퇴당하고 순천왜성으로 돌아간다. 이순신에게 바닷길을 봉쇄당한 것이다.

그런데 예상치 못한 일이 생긴다. 고니시가 진린에게 뇌물을 바치며 바닷길을 열어달라 부탁한 것이다. 이순신은 진린에게 항의하였으나 소용이 없었다.

도독이 왜선을 맞이하게 하였다. 왜장이 작은 배를 타고 도독부로 들어와 돼지 두 마리와 술 2통을 도독에게 바쳤다. — 1598년 11월 14일

대장 된 사람은 화친을 말할 수 없소. 이 원수는 결코 놓아 보낼 수 없소.

— 《이충무공행록》 11월 16일

진린이 왜선을 드나들게 하며 경계가 해이해진 사이, 왜적들은 조선 수군 진영을 지나 유유히 빠져나갔다. 이순신은 이들이 구원병을 요청하려고 나간 것이라고 판단했다. 드디어 고니시가 순천왜성에 고립됐다는 구원 요청이 전해지고 왜군은 곧바로 연합함대를 결성한다. 고니시 구출작전, 즉 노량해전의 시발이었다.

전쟁은 끝나가고 있었지만 이순신에게는 필사의 전투가 시작되고 있었다. 그러나 이날, 그는 일기에 속내를 드러내지 않는다.

왜선 세 척이 말 한 필과 창, 칼 등을 가져와 도독에게 바쳤다. — 1598년 11월 16일

현재의 노량해협 전경.

  그리고 다음날인 11월 17일. 이것이 이순신이 남긴 《난중일기》의 마
지막 기록이다.

  어제 왜의 배 한 척이 군량을 가득 싣고 남해에서 바다를 건너는 것을 한산

  도 앞바다까지 추격했다. 왜적은 한산도 기슭을 타고 육지로 올라가 달아났

  다. ─ 1597년 11월 17일


  이순신은 명군과 왜군의 온갖 회
유와 획책에도 아랑곳하지 않고 노
량해협으로 출전한다. 11월 19일,
드디어 마지막 전투가 벌어진다.

《난중일기》는 11월 17일에서 끝났다.

# 이순신 최후의 전투, 노량해전

11월 18일, 노량해협에는 전운이 감돌았다. 이순신은 진격할 것을 결심한다.

> 나의 목숨은 하늘에 달렸다. —《선묘중흥지》

노량해전은 왜적을 섬멸하고 전쟁을 끝내겠다는 이순신의 확고한 의지에 의해 벌어진 전투였다. 피하려면 피할 수도 있는 전투였지만, 이순신은 관음포구로 길을 떠난다. 이날 자정, 그는 갑판 위에서 기도를 올렸다.

> 此讐若除 死則無憾
> 이 나라를 위해 적을 없앨 수만 있다면, 죽어도 또한 한이 없겠나이다.
>
> —《이충무공행록》

이순신은 군사들에게 나무재갈을 물렸다. 밤바다가 고요했다. 왜선 500여 척이 노량으로 향하고 있었다. 이순신은 숨죽여 이들을 기다렸다. 드디어 전쟁이 시작됐다. 명나라 선발대가 왜군의 진로를 차단하는 사이 이순신의 함대가 중앙을 돌파한다. 조명연합군의 화공 전술에 왜선은 거침없이 불타올랐다. 이에 뒤질 새라 왜군의 조총도 불을 뿜었고, 타오르는 함선들로 밤바다가 환해졌다. 당시의 급박했던 상황이 신흠의 《상촌집象村集》에 실려 있다.

갇힌곡(일명 가청곡) 전경.

불길이 맹렬하게 타오르면서 적선 수백 척이 순식간에 잿더미로 변하고 온
바다가 붉게 물들었다. ―《상촌집》

  적군의 배와 아군의 배가 서로 엉켜 적의 얼굴까지 바로 보이는 근
접전이 벌어졌다. 7년 전쟁 중 최대의 교전이었다. 전투는 점점 더
치열해졌다. 두려움은 더 이상 문제가 되지 않았다.

  죽게 되면 죽을 따름이다. ―《징비록》

  수세에 몰린 왜군이 드디어 필사의 탈주를 감행했다. 이민웅 교수
의 설명에 의하면 노량해전 초기에 일본군이 밀리면서 포구를 해구
로 잘못 판단하고 들어간 곳이 바로 관음포다. 관음포구로 들어간 왜

군은 곧 엄청난 실수를 저질렀음을 깨닫는다. 갑자기 육지가 나타난 것이다. 갇힌곡, 일명 가청곡(假靑谷)이라 불리는 이곳은 강진 바다와 관음포 바다 사이에 마치 바다처럼 보이는 육지였다. 수로인 줄 알고 갇힌곡으로 도주했던 왜군은 결국 그곳에서 최후를 맞는다.

실록에는 왜적의 배 100척을 포획하고 200척을 불살랐으며 빠져죽은 자의 수는 헤아릴 수 없을 정도였다고 기록되어 있다. 하지만 이순신은 승리의 기쁨을 누릴 수 없었다.


戰方急 愼勿言我死

싸움이 한창 급하다. 내가 죽었다는 말을 하지 마라.

—《징비록》


이순신은 이 말을 남긴 채, 전사했다. 그의 마지막은 건조했다. 회환도 슬픔도 없이, 남긴 것은 의지뿐이었다. 11월 19일 정오 무렵, 드디어 전쟁은 끝났다.

이순신이 죽고 난 후, 조선 땅은 물론 명나라 군사들까지도 깊은 슬픔에 잠겼다. 과연 선조의 반응은 어떠했을까? 11월 24일, 이순신의 전사 소식을 접한 선조는 "오늘은 밤이 깊었으니 내일 비변사에서 알아서 처리하라"고 하교한다. 이순신이 충무공이라는 시호를 받은 것은 50여 년이 지난 인조 21년(1643), 영의정으로 추증된 것도 정조 17년(1793)에 이르러서였다.

자신을 둘러싼 오해와 모함이 가득한 조선에서 이순신은 꿋꿋이 《난중일기》를 써내려갔다. 매일 매일의 일기는 이순신이 후세에 전

충청남도 아산에 있는 이충무공 묘.

하려 했던 엄혹한 사실이다. 그가 쓰지 못한 마지막 일기는 몸을 죽
여 나라를 살렸다(身亡國活)는 역사의 평가가 아니었을까.

# 한국사傳 5

초판 1쇄 인쇄 2008년 12월 17일
초판 1쇄 발행 2008년 12월 22일

지은이 | KBS 한국사傳 제작팀
펴낸이 | 이기섭
편집주간 | 김수영
기획편집 | 김윤희, 조사라
마케팅 | 조재성, 성기준, 김미란, 한아름
디자인 | 이석운, 김미연

펴낸곳 | 한겨레출판(주)
등록 | 2006년 1월 4일 제313-2006-00003호
주소 | 121-750 서울시 마포구 공덕동 116-25 한겨레신문사 4층
전화 | 마케팅 02-6383-1602~3, 기획편집 | 02-6383-1607~9
팩스 | 02-6383-1610
홈페이지 | www.hanibook.co.kr
이메일 | book@hanibook.co.kr

• 값은 표지에 있습니다.
• 파본이나 잘못된 책은 서점에서 교환하여 드립니다.

ISBN 978-89-8431-298-2  03900